Petra und Joachim Skibbe

Köstliche Kürbisküche

Petra und Joachim Skibbe

Köstliche Kürbisküche

Vegetarische Rezepte

pala verlag

ISBN: 3-89566-150-3

Cartoons und Umschlagillustration: Renate Alf
Vegan-Symbol: Regina Heinelt
Lektorat: Bettina Snowdon
Redaktionelle Beratung: Ulla Grall
Druck: freiburger grafische betriebe

Inhalt

Der Kürbis – bunt, gesund und lecker

Der Kürbis, das Lieblingsgemüse unserer Großmütter, war etwas in Vergessenheit geraten. Zumindest hierzulande kannte man Kürbis lange Zeit meist nur noch in zwei Standardzubereitungen, nämlich als Kürbissuppe und in Form des obligatorischen »Kürbis süß-sauer«. Doch ganz allmählich taucht er wieder auf, in zahlreichen bunten Sorten, auf Wochenmärkten, in vielen Gärten und in den Gemüseabteilungen der Naturkostläden und gut sortierten Gemüsegeschäften. Hören Sie ihn auch lachen? Und spüren Sie auch, wie er uns mit seiner Vielfalt an fröhlichen und leuchtenden Farben und ausgefallenen Formen einladen will, ihn wieder mehr auf unseren Esstisch zu bringen?

Für uns persönlich gibt es wohl kaum ein anderes Gemüse aus dem Garten der Natur, das unsere Kreativität und Freude am Kochen und Backen so inspiriert hat wie die unzähligen, fast unbegrenzt erscheinenden Sorten aus der »Großfamilie« der Kürbisgewächse. Egal ob groß oder klein, ob gelb, knallorange, elfenbeinfarben oder grün, ob kugel-, birnen- oder herzförmig oder ob rund oder oval: Aus Kürbissen lassen sich immer wieder neue, leckere, exotische, aber natürlich auch altbewährte Rezepte zaubern.

Dass der Kürbis ein Verwandlungskünstler ist, beweist er immer wieder. Ob als Vorspeise, Hauptspeise oder als Beilage, ob in Brot, Salat, Sauce, Dessert oder Kuchen – Kürbisgerichte sind ebenso vielseitig, wie es Sorten auf unserer Erde gibt.

Nicht nur unserem Gaumen hat der Kürbis einiges zu bieten, sondern auch unserer Gesundheit. Kürbis hat ein ausgesprochen günstiges Natrium-Kalium-Verhältnis und enthält extrem viel Beta-Carotin, dazu vier Vitamine aus der B-Gruppe, Magnesium, Calcium, Eisen, Phosphor und Kieselsäure. All diese Inhaltsstoffe machen ihn zu einer milden und reizarmen Diätspeise bei der Behandlung von Bluthochdruck sowie bei Herz- und Nierenleiden. Auch bei Verstopfung und Blähungen sowie bei Säureüberschuss ist er hilfreich. Ebenso wird er Menschen mit starker Neigung zu Wasseransammlung als regelmäßige Diätspeise empfohlen. Seine vielen positiven Wirkungen auf die Gesundheit sind schon seit Jahrtausenden bekannt. Beispielsweise schätzte

man in der über fünftausend Jahre alten Ayurveda-Heilkunde Indiens den Kürbis bereits wegen seiner aufbauenden, stärkenden, fiebersenkenden und blutreinigenden Eigenschaften.
Dabei hat es nicht nur das Fruchtfleisch des Kürbis in sich. Auch seine Kerne sind – getrocknet und geröstet – bei uns eine beliebte und gesunde Knabberei. Insbesondere die grünen Kürbiskerne (von einer besonderen Kürbissorte aus der Steiermark in Österreich) sind bekannt für ihre medizinische Heilkraft. Sie enthalten neben nahezu 50 % Fettsäuren auch ätherische Öle, Phytosterine (Stoffe mit hormonähnlicher Wirkung), Provitamin A, Vitamine der B-Gruppe und Vitamin E sowie reichlich Zink, Phosphor, Eisen, Magnesium und noch einige andere Substanzen, deren Wirkungen noch nicht entschlüsselt sind. In der westlichen Naturheilkunde gelten die kleinen, grünen Kerne als Wunderwaffe gegen Prostata-Beschwerden. Vorbeugend genügen schon zwei bis drei Esslöffel täglich.
Woher der Kürbis ursprünglich stammt, ist nicht mehr eindeutig zu klären. Einige Sorten wie der Moschuskürbis werden in Lateinamerika seit über 5000 Jahren kultiviert, andere Sorten wie der Wachskürbis oder der Flaschenkürbis stammen aus Südostasien. Und in den mindestens ebenso alten Schriftdokumenten der indischen Heilkunst Ayurveda heißt es: »Der reife Gartenkürbis ist leicht bekömmlich, harntreibend, verdauungsanregend und tut allen Konstitutionstypen gut.«
Mit diesem Kochbuch möchten wir dem Kürbis wieder zu dem Ehrenplatz und der Beachtung in der Küche verhelfen, die ihm gebührt. Und wir hoffen, dass Sie unsere Begeisterung teilen werden, wenn Sie sich, Ihre Familie und Ihre Freundinnen und Freunde mit den vielen leckeren vegetarischen Kürbisrezepten aus diesem Buch verwöhnen. Wenn Sie einmal mit der Kürbisküche angefangen haben, ist es nicht auszuschließen, dass auch Sie von den lustigen »Kürbisgeistern« zu neuen, eigenen Kürbiskreationen inspiriert werden.
In jedem Falle wünschen wir Ihnen viel Spaß und guten Appetit auf Ihrer kulinarischen Kürbis-Entdeckungsreise …

Die große Kürbiswelt

Kürbis ist nicht gleich Kürbis. Es ist schon ein Unterschied, ob Sie einen Mini-Zucchino oder einen 50 Kilogramm schweren Riesenkürbis vor sich haben. Die große Kürbiswelt ist vielfältiger, als die meisten von uns ahnen. Über 850 farben- und formenfrohe Sorten tummeln sich in der Großfamilie der Kürbisgewächse. Und auch geschmacklich ist eine große Palette geboten. Das werden Sie erfahren, sobald Sie mit Kürbis zu kochen und zu experimentieren beginnen. Von cremig-butterzart, nussig-honigsüß bis fruchtigmild oder sogar zartbitter warten Kürbisse in vielen Geschmacksnuancen auf ihren Einsatz in der Gourmetküche.

Bei der Vielfalt der Sorten wundert es nicht, dass manchmal sogar ein und dieselbe Sorte unter verschiedenen Namen bekannt ist. Um ein wenig Ordnung in die reichhaltige Auswahl der Sorten zu bekommen, werden die Kürbisse in verschiedene Hauptgruppen unterteilt: In unseren Küchen sind dabei die Gruppen der Garten-, der Riesen- und der Moschuskürbisse von Bedeutung. Innerhalb dieser drei Kürbis-Hauptgruppen kann eine Sorte, zumindest wenn Sie sie gekocht genießen wollen, fast ausnahmslos durch jede andere ersetzt werden. Zwar mag der Geschmack je nach Sorte leicht differieren, doch im Allgemeinen herrscht die milde, leicht süßliche Nuance vor, die dann

je nach Sorte mehr oder weniger süßlich, nussig, cremig, honigähnlich, fruchtig oder sogar neutral sein kann.
Die Kürbisse stammen von Kletter- oder Kriechgewächsen ab, die meist tropischen Ursprungs sind, heute aber nahezu um den ganzen Erdball kultiviert werden. Aus den gelben, trichterförmig-glockigen Blüten entwickelt sich, botanisch gesehen, eine Beerenfrucht, die allerdings einen Durchmesser von bis zu einem Meter erreichen kann und bei einigen Sorten unter Umständen bis zu 100 kg schwer wird. Wie die zahlreichen Formen und Farben schon vermuten lassen, ist die botanische Familie der Kürbisgewächse (Cucurbitaceae) ziemlich groß und vielseitig. Noch etliche andere leckere Küchenpflanzen wie Gurken und Melonen finden sich in ihr.
Um Ihnen einen schnellen Überblick zu verschaffen, haben wir zunächst die drei wichtigsten Hauptgruppen – die Gartenkürbisse, die Riesenkürbisse und die Moschuskürbisse – und die Merkmale ihrer bekanntesten Vertreter aufgeführt. Anschließend werden noch einige exotischere Kürbissorten vorgestellt, die aus dem asiatischen und afrikanischen Raum stammen und zu anderen Kürbisarten gehören als die bei uns bekannten Sorten, aber mindestens ebenso köstlich sind. Außerdem sind auch einige der Sorten, die bei uns meist nur als dekorative Zierkürbisse zum Einsatz kommen, sehr wohlschmeckend.

Gartenkürbis (Cucurbita pepo)

Andere Namen: kleiner Speisekürbis, Ölkürbis, Gemüsekürbis, Kürbchen, Sommerkürbis

Die dünnschaligen Kürbisse erntet man während des Sommers meist unreif. Einige Sorten, wie der Spaghettikürbis, werden in der Küche allerdings sowohl reif als auch unreif verwendet. Da die Schalen der Gartenkürbisse zart sind, können sie generell mitverzehrt werden. Ein weiteres Plus: Gartenkürbisse sind sehr saftig und wasserhaltig, dadurch jedoch auch nur kurz haltbar. Im Geschmack sind sie angenehm süß bis neutral.
Roh in einem Salat sind sie ebenso ein Genuss wie geröstet und gebraten, gegrillt, gefüllt oder überbacken.
Gartenkürbisse finden Sie von Ende Juni bis Anfang Oktober auf Wochenmärkten, in Gemüseläden, Naturkostläden und beim türkischen Gemüsehändler. Zucchini sind allerdings heutzutage schon das ganze Jahr über erhältlich.

Die wichtigsten Gartenkürbis-Sorten

Eichelkürbis (Acorn)
Aussehen: 800 g bis 1 kg schwere Kürbisse mit fester, glatter Schale. Erdbeerförmige Früchte mit Längsrippen, die farblich von orange über dunkelgrün bis eierschalenfarben variieren. Das Fruchtfleisch ist sehr feinfaserig und gelborange.
Verwendung in der Küche: Eichelkürbisse haben einen leicht süßen Geschmack von Nuss, Honig und Zimt. Sie sind ideal zum Braten, Backen, Füllen, für Pürees und Suppen, Gemüsegerichte und auch roh für Salate.
Lagerung: Eichelkürbisse können im Keller längere Zeit aufbewahrt werden, ihr Geschmack wird durch das Lagern noch besser.
Besonderes: Handliche Größe, leicht zu verarbeiten.

Spaghettikürbis
Aussehen: 1 – 3 kg schwere Kürbisse mit fester, glatter Schale. Sie sind oval, einfarbig oder auch gestreift. Sie können sowohl im unreifen Zustand (beige-grünliches Aussehen), als auch im ausgereiften Zustand (weiß bis kräftig-gelb) geerntet und zubereitet werden. Unreife Exemplare haben eine weiche Schale und nur kleine Kerne, wohingegen ausgereifte Spaghettikürbisse eine harte Schale und größere Kerne besitzen.
Verwendung in der Küche: Das Fruchtfleisch lässt sich nach dem Kochen des ganzen Kürbis mit einer Gabel in spaghettiähnliche, lange Fäden lockern und auch wie Nudeln verzehren. Unreif geerntete Spaghettikürbisse müssen weder geschält noch entkernt werden. Spaghettikürbisse sind genau das Richtige zum Braten, für Pürees (Suppen), Gratins und Gemüsegerichte.
Lagerung: Bei kühler und luftiger Lagerung sind Spaghettikürbisse bis zu einem Jahr haltbar und zum Essen auch dann immer noch ausgezeichnet.

Patisson (Kaisermütze, Scallopini, Kammmuschel)
Aussehen: Mützenförmige Kürbisse mit zarter, dünner Schale, die an einen Kinderkreisel oder einen Diskus mit gewelltem Rand erin-

nern. Farblich variieren sie von elfenbeinfarben über krokusgelb bis grün gestreift.

Verwendung in der Küche: Das Fruchtfleisch ist zart und neutral, jedoch aromatischer als das von Zucchini. Auch größere Exemplare besitzen noch eine weiche Schale und müssen nicht geschält werden. Patissons eignen sich ideal zum Backen, wofür sie unterschiedlich gefüllt werden können. Aber auch zum Grillen, für Gemüsegerichte und sogar roh im Salat sind sie eine Delikatesse.

Lagerung: Die ganzen Früchte können mindestens 1 Woche lang im Kühlschrank aufbewahrt werden.

Mini-Patisson

Aussehen: Die kleinen Exemplare werden sehr früh geerntet und sehen aus wie kleine grüne, gelbe oder cremefarbene Kreisel.

Verwendung in der Küche: Mini-Patisson haben eine etwas festere Konsistenz als Zucchini. Am dekorativsten sind sie, wenn sie im Ganzen gegrillt, gekocht bzw. blanchiert werden. Ein idealer Salatzusatz (vorher wenige Minuten blanchieren), aber auch eine leckere Überraschung für Grillpartys oder Gemüsegerichte.

Lagerung: Mini-Patisson halten sich im Kühlschrank eine Woche.

Besonderes: So schön sich Mini-Patissons auch als Dekoration in Obstschalen machen, von allen Zierkürbissen schmecken sie am besten!

Gelbe und grüne Zucchini
Aussehen: Zucchini werden meist geerntet, wenn sie noch jung sind. Ihre Schale ist weich, tief- oder hellgrün bis hellgelb und ohne Kerne. Zucchini werden nicht geschält. Nur bei ganz großen Exemplaren ist es ratsam, die harte Schale zu entfernen.
Verwendung in der Küche: Ihr Ertragreichtum im Garten, ihre unkomplizierte Handhabung und die kurze Garzeit in der Küche haben Zucchini zu einem Küchenfavoriten gemacht. Man schätzt sie nicht nur zum Kochen, Dünsten, Grillen, Backen und Füllen, sondern auch als Gratin oder in einem Salat. Zucchini garen Sie, genau wie alle anderen Gartenkürbisse, am besten im eigenen Saft.
Lagerung: Im Kühlschrank können Zucchini bis zu vier Tage aufbewahrt werden.

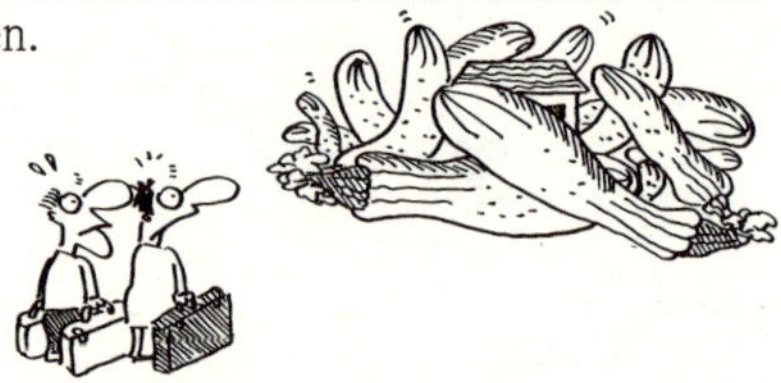

Besonderes: Lässt man Zucchini ungehindert auswachsen, so können sie beachtliche Größen annehmen. Bei unseren französischen Nachbarn bezeichnet man diese reifen Sommer- oder Gartenkürbisse als Courge. Courgettes heißen dort die kleinen, zarten und unreif geernteten Exemplare.

Rondini
Aussehen: Etwa 250 g schwere, dunkelgrüne und kugelrunde Kürbisse mit glatter Schale und etwa 15 cm Durchmesser. Rondini sehen aus wie runde Zucchini. Ihre Schale ist genau wie bei Zucchini grün bis hellgrün gestreift. Praktisch ist, dass Sie Rondini nicht schälen müssen und auch ihre wenigen Kerne mitessen können.
Verwendung in der Küche: Das Fruchtfleisch ist hell und im Geschmack ähnlich wie Zucchini. Rondini sind ideal zum Füllen und Schmoren. Sie können einfach wie Zucchini zubereitet und verwendet werden.
Lagerung: Im Kühlschrank sind Rondini eine Woche haltbar.

Riesenkürbis (Cucurbita maxima)

Andere Namen: Speisekürbis, Winterkürbis

Von klein bis riesig rangieren die unterschiedlichen Sorten der meist dickschaligen Riesenkürbisse. Ihr Fruchtfleisch ist feinfaserig, dicht, trocken bis leicht mehlig und schmeckt in der Regel weniger süßlich, aber sehr aromatisch. Geerntet werden sie am besten im reifen Zustand. Ihre Schalen sind dann meist fest bis hart und glatt oder genoppt, mit oder ohne Rippen und variieren in der Farbe von zartgelb, cremefarben und goldorange über grau, graublau bis schwarz. Der Stiel ist vertrocknet.

Von großem Vorteil ist, dass ausgereifte Riesenkürbisse bei richtiger Lagerung monatelang haltbar sind. Auch lassen sich bei den Riesenkürbis-Rezepten die einzelnen Sorten problemlos untereinander austauschen.

Zum Braten und Backen, für Püree (Suppen, Pies, Desserts) und ganz besonders zum Einlegen und Einmachen sind Riesenkürbisse genau das Richtige.

Riesenkürbisse bekommen Sie problemlos von Juli bis Februar, vereinzelt sogar bis April auf Wochenmärkten, in Gemüse- und Naturkostläden sowie bei türkischen Gemüsehändlern.

Die wichtigsten Riesenkürbis-Sorten

Die Hubbard-Kürbisfamilie

Hubbard groß: z. B. Blauer Hubbard, Schwarzer Hubbard, Goldener und Grün-gewarzter Hubbard

Hubbard klein: z. B. Orangefarbener Hokkaido, Roter Hokkaido, Baby Red Hokkaido, Blue Ballet

Aussehen: 1 – 10 kg schwere, ovale Kürbisse mit einer festen, glatten oder genoppten Schale. Das Farbspektrum reicht von dunkelgrün über blaugrau bis grünschwarz oder gelborange über knallorange bis rot.

Verwendung in der Küche: Das Fruchtfleisch der Hubbard-Kürbisse ist feinfaserig und dunkelgelb bis orange, schmeckt aromatisch bis nussig, leicht mehlig und nicht sehr süß. Es ist optimal zum Braten, Backen, Füllen, für Pürees (Pies und Suppen) sowie

für Konfitüre und Gemüsegerichte. Kleine Hokkaido können mit Schale verzehrt werden! Sie sind geradezu zum Füllen prädestiniert. Für die großen Hubbardkürbisse braucht man oft einige Kraft zum Schälen.
Lagerung: Diese wunderbaren Kürbissorten können im kühlen Keller bis in den Frühling gelagert werden.

Potimarron (Kastanienkürbis)
Aussehen: 1 – 4 kg schwere runde, tropfenförmige Früchte mit fester, glatter Schale. Schale und Fruchtfleisch sind von leuchtend orangeroter Farbe.
Verwendung in der Küche: Das feinfaserige Fruchtfleisch schmeckt süßlich und erinnert deutlich an Esskastanien (Maronen), daher auch der Name Potimarron. Man schätzt Potimarron für Desserts, Mousses, Konfitüren und Kuchen, aber auch zum Braten, Backen, für Pürees (Suppen, Pies) und roh für Salate.
Lagerung: Im kühlen Keller sind diese Kürbisse 2 – 3 Monate haltbar.

Tristar (auch Triamble)
Aussehen: Bis zu 4 kg schwere Kürbisse mit harter, hellgrauer Schale. Die Früchte sind, wie schon ihr Name verrät, in drei (Tri) markante Schnitze oder Segmente unterteilt.
Verwendung in der Küche: Das curry- bis orangefarbene Fruchtfleisch ist fest, trocken, leicht mehlig und von süßlichem, karottenähnlichen Geschmack. Zum Braten, Backen, aber auch für Pürees (Suppen, Pies, Raviolifüllung), asiatische Gemüsegerichte und süße Desserts ist Tristar genau das Richtige.
Lagerung: Wunderbare Qualitätskürbisse, die sich problemlos zubereiten und monatelang lagern lassen.

Gelber Zentner
Aussehen: Bis zu 50 kg und mehr können diese flachrunden Kürbisse erreichen, im Guinness Buch der Rekorde ist sogar ein über 200 kg schweres Exemplar registriert. Die grünlich oder zart gelborangen Kürbisse können sowohl eine glatte Schale als auch eine

feine Netzstruktur besitzen. Das Fruchtfleisch ist gelborange und von mildem Geschmack.

Verwendung in der Küche: Der gelbe Zentner ist ideal zum Einmachen, Kochen und Backen. Da er keinen ausgeprägten Eigengeschmack besitzt, kombiniert man ihn am besten mit anderen aromatischen Gemüsen bzw. Gewürzen.

Lagerung: Ab Spätsommer erhalten Sie den gelben Zentner auf allen Wochenmärkten, selbstverständlich auch in »handlichen« Portionen. Im Ganzen gelagert ist er viele Monate haltbar.

Türkenturban

Aussehen: Charakteristisch bei diesen kleinen bis mittelgroßen Kürbissen ist die Form, die einem kleinen Kopf ähnelt, auf den ein großer Turban gestülpt wurde. Zwischen Kopf und Turban befindet sich eine deutlich abgegrenzte Naht. Türkenturbankürbisse können bis zu 2 kg schwer werden. Auffällig sind auch ihre dekorativen Farbkombinationen, wie orange mit grünen oder cremefarbenen Streifen bzw. Sprenkeln.

Verwendung in der Küche: Das orange-gelbe und leicht mehlige Fruchtfleisch besitzt ein süßliches Nussaroma. Es ist hervorragend für Desserts, Süßspeisen und zum Backen geeignet, aber auch für Gemüsegerichte und Suppen.

Lagerung: Türkenturbankürbisse sind bis ins Frühjahr haltbar.

Besonderes: Türkenturbankürbisse werden meist nur zu Dekorationszwecken kultiviert, was schade ist, da sie auch in der Küche so viel zu bieten haben. Im Herbst sind sie manchmal bei Floristen erhältlich.

Moschuskürbis (Cucurbita moschata)

Anderer Name: Bisamkürbis

Lang, kugelrund oder abgeflacht – so sehen Moschuskürbisse aus. Ihr gelb- bis orangefarbenes Fruchtfleisch ist fest bis cremig-butterzart und schmeckt nussig-honigfein bis melonenähnlich süß. Typisch für den Moschuskürbis ist sein runder, plattenartiger Stielansatz, der mit dem Kürbis verwachsen ist und wie eine Scheibe auf ihm sitzt. Moschuskürbisse werden ebenso wie Riesenkürbisse im reifen Zustand geerntet. Eine Ausnahme bildet der Butternusskürbis: Er wird in der Gourmetküche sowohl reif als auch unreif geschätzt. Bei optimaler Lagerung (an einem kühlen, luftigen Ort) halten sich Moschuskürbisse sehr lange, oft sogar bis zur nächsten Ernte.

Roh, für Salate, aber auch gegart sind Moschuskürbisse eine Delikatesse. Auch für Pürees, Süßspeisen, Suppen, Gemüsegerichte aller Art und zum Backen sind sie ideal. Nur zum Füllen eignen sie sich wegen ihrer weichen Schale nicht so sehr, aber dafür gibt es ja die anderen Sorten.

Moschuskürbisse erhalten Sie von September bis Mai auf Wochenmärkten, in Gemüseläden und in türkischen und asiatischen Lebensmittelgeschäften.

Die wichtigsten Moschuskürbis-Sorten

Butternusskürbis (Butternut, Melonensquash)

Aussehen: 200 g bis 2 kg schwere, keulen- oder birnenförmige Kürbisse mit fester, glatter oder genoppter Schale. Butternusskürbisse können sowohl unreif als auch reif geerntet werden. Unreif besitzen sie eine beige-grünliche Farbe mit weicher Schale und kleinen, weichen Kernen, die ebenso wie die Schale mitgegessen werden können. Reif sehen Sie je nach Sorte tiefbeige oder grün-gelblich gestreift aus.

Verwendung in der Küche: Das Fruchtfleisch ist fein, hell- bis tieforange, cremig-butterig und nicht sehr süß. Ideal zum Braten, Backen, für Pürees (Suppen und Pies), asiatische Gerichte und roh für Salate.

Lagerung: Im kühlen Keller können Butternusskürbisse bis ins Frühjahr gelagert werden, wodurch sich ihr Geschmack sogar noch verbessert.
Besonderes: Halten Sie nach dieser beliebten Sorte Ausschau. Das Zerkleinern ist sehr einfach, außerdem besitzen Butternusskürbisse nur wenig Kerne, die sich im unteren, runden Drittel befinden.

Muskatkürbis (Musquée oder Muscade de Provence)
Aussehen: 1 – 10 kg schwere, flachrunde und gerippte Kürbisse mit glatter, mittelfester Schale. Mit zunehmender Reife nehmen die ursprünglich dunkelgrünen Muskatkürbisse eine gelblich-ockerfarbene Tönung an. Das Fruchtfleisch ist feinfaserig und hell- bis tieforange.
Verwendung in der Küche: Das Fruchtfleisch schmeckt nicht sehr süß und erinnert etwas an Muskatnuss bzw. Avocado. Es ist ideal zum Backen, Braten, für Pürees (Suppen, Kuchen, Desserts) und Konfitüren.
Lagerung: Unversehrt ist er bis ins Frühjahr lagerfähig.
Besonderes: Der Muskatkürbis ist ein sehr beliebter Kürbis, der auch in Schnitzen angeboten wird – oft beim türkischen oder persischen Gemüsehändler, aber auch auf Wochenmärkten. Muskatkürbis sollte unbedingt reif sein, d. h. eine ockerfarbene Schale besitzen.

Mantelsackkürbis (Cucurbita moschata convar. manticaulis)
Aussehen: Etwa 1 kg schwere, flachrunde Kürbisse mit glänzender, glatter Schale und tiefen Furchen. Die Schale ist gelb-orange und grün. Das Fruchtfleisch ist tieforange und von angenehmem süßlich-aromatischem Geschmack.
Verwendung in der Küche: Frisch geerntet eignen sich Mantelsackkürbisse gut für Rohkostsalate. Etwas gelagert ist er optimal zum Kochen, Backen und für Desserts.
Lagerung: Mantelsackkürbisse lassen sich sehr lange lagern, sogar bei vorzeitiger Ernte.

Exotische Kürbisse

Nachdem Sie nun die bekanntesten Vertreter der drei großen Kürbisarten kennen gelernt haben, begeben wir uns in exotischere Gefilde. Bittermelone oder Flaschenkürbis, die aus dem asiatischen und afrikanischen Raum stammen, gehören zu anderen Kürbisarten als die bei uns bekannten Sorten, sind aber mindestens ebenso köstlich.

Die wichtigsten exotischen Kürbis-Sorten

Bittermelone (Karela, Chinesische Bittermelone, Bittergurke, Balsambirne)

Die kleinen hellgrünen Karelas oder Bittermelonen bekommen auch bei uns eine immer größere Bedeutung. In der afrikanischen, indischen und südostasiatischen Küche schätzt man sie schon lange – wie die vielen Namen dieses Kürbisgewächses leicht erahnen lassen. Karela bringen eine zartbittere Geschmacksnuance in unseren Speiseplan – etwa wie wilder Löwenzahn. Und nicht nur das, sie regen den Appetit an, fördern die Verdauung, reinigen das Blut und die Haut und helfen gegen Übergewicht.

Aussehen: Zum Einsatz in der Küche kommen die hellgrünen, noch unreifen Karela, wenn sie 2 – 6 cm dick und 10 – 30 cm lang sind. Sie besitzen eine mittelfeste, noppige Schale mit Längsrippen, die sich über die ganze Frucht verteilen. Die Kerne der kleinen, hellgrünen Karela können Sie mitessen, bei den großen, dunkelgrünen Exemplaren sollten sie lieber entfernt werden. Das Fruchtfleisch ist hellgrün und von zartbitterem Geschmack.

Verwendung in der Küche: Karela reicht man immer nur in kleinen Mengen zu Beginn einer Mahlzeit – sozusagen als Appetitanreger – zusammen mit Reis und Gemüsegerichten. In Bengalen beginnt man ein Festmahl immer mit einem leicht bitter schmeckenden Gemüsegericht, bei dem Karela nie fehlen darf. Am beliebtesten sind gebratene und gewürzte kleine Karelaringe, doch eignen sich Karela auch sehr gut zum Füllen.

Besonderes: Wer den bitteren Geschmack etwas abmildern will, kann Karela schälen. Die getrockneten und frittierten Schalenstück-

chen sind über Reis oder Dal (Linsensuppe) gestreut eine wahre Delikatesse.
Lagerung: Im Kühlschrank halten sich Karela 3 – 4 Tage.
Erhältlich: Bittermelonen sind meist das ganze Jahr über in indischen, orientalischen, türkischen oder chinesischen Lebensmittelgeschäften erhältlich – eventuell auf Bestellung.

Flaschenkürbis (Kalebasse; hindi: Louki)
Der Flaschenkürbis ist ein weiteres Mitglied der Kürbisgroßfamilie. Er ist etlichen eher aus Kunst und Kultur als aus der Küche bekannt. In Afrika und Asien nämlich verwendet man die holzige, harte Schale bestimmter ausgereifter und ausgehöhlter Exemplare als leichte, stabile, preiswerte und wasserdichte Gefäße (Kalebassen), und in Indien stellt man aus einigen Sorten sogar Musikinstrumente her. Die essbaren Flaschenkürbissorten sind nicht nur köstlich, sondern enthalten u. a. wertvolles Carotin.
Aussehen: Der junge, zarte Flaschenkürbis erinnert im Aussehen und Geschmack stark an eine hellgrüne, größere Zucchini. Das Fruchtfleisch des Flaschenkürbis ist weißlich, zart und geruchsneutral – ähnlich wie bei Zucchini.
Verwendung in der Küche: Geschmacklich ist der Flaschenkürbis neutral bis leicht süßlich. Die weiche Schale der kleinen Exemplare kann entweder mitverzehrt oder auch geschält werden. Ebenfalls delikat schmecken die weichen Kerne; vor allem die der größeren Exemplare, wenn sie in etwas Öl und Gewürzen angeröstet werden. Flaschenkürbis ist ideal für Gemüsegerichte, zum Braten, Grillen und für Desserts. Wenn man ihn füllen will, reicht es, ihn zu waschen, für Gemüsegerichte sollten Sie ihn schälen.
Lagerung: Im kühlen Raum (aber nicht im Kühlschrank) sind Flaschenkürbisse mindestens 2 – 3 Wochen haltbar; angeschnittene Exemplare sollten Sie allerdings im Kühlschrank aufbewahren und innerhalb von 2 Tagen verbrauchen.
Erhältlich: Flaschenkürbis bekommen Sie das ganze Jahr über – meist auf Bestellung – in indischen, persischen und asiatischen Lebensmittelgeschäften oder in gut sortierten Gemüseläden mit exotischen Südfrüchten.

Chayote (Stachelgurke, Chou-Chou, Christophine)
Die tropische Kletterpflanze mit den langen Trieben ist ein weiteres Mitglied aus der Familie der Kürbisgewächse. Chayote ist unter vielen Namen bekannt, wie Chou-Chou, Chocho, Shu-Shu, Chinchayote, und in der Karibik nennt man sie Christophine. Bevor sich die Frucht von der Pflanze löst, keimt darin schon der Samen. So können sich am stumpfen Ende unreifer, grüner Früchte bereits die Keimblätter und Wurzeln der Jungpflanze zeigen.
Aussehen: 200 – 400 g schwere, birnenförmig-ovale harte Frucht mit einem flachen Samen. Da die hellgrünen Chayote einen klebrigen Saft absondern, ist es ratsam, sie unter fließendem Wasser zu schälen. Das Fruchtfleisch ist weiß-grünlich, fest und leicht süßlich im Geschmack. Im Geruch erinnert Chayote etwas an Gurke oder Zucchini.
Verwendung in der Küche: Chayote sind roh und geschält für Salate, gekocht für Gemüsegerichte (z. B. süßsaures Kürbisgemüse) und ungeschält zum Füllen ideal.

Erhältlich: Chayote bekommen Sie in asiatischen Lebensmittelgeschäften und in exotischen Gemüsegeschäften (oft auf Bestellung).
Lagerung: Im Kühlschrank sind Chayote etwa 2 Wochen haltbar.
Besonderes: Würzen Sie Chayote wegen ihres schwachen Eigengeschmacks kräftig mit Zitronensaft, frischen Kräutern, Ingwer, Curry und Palmzucker oder Vollrohrzucker. Nehmen Sie nur feste Früchte, weiche Chayote beginnen schon zu faulen.

Zierkürbisse

Prächtige Farben und beeindruckende Formen – es ist kein Wunder, dass die Kürbisfamilie die Phantasie kreativer Zeitgenossen beflügelt. Mehrere farbenfrohe Kürbisse in einer Schale sind eine wunderbare Dekoration für so manche Kommode, für den Flur oder den Garten. Wie die mittelgroßen und vielfarbigen Kronen- oder Krakenkürbisse, die in ihrer Form Tintenfischen ähneln, gehören die meisten Zierkürbisse zur Familie der Gartenkürbisse *(Cucurbita pepo)*, einige wenige sind auch den Riesenkürbissen zuzuordnen *(Cucurbita maxima)*. Mit ihnen können Sie bis zu fünf Monate lang interessant und formschön dekorieren.

Wer mit Kürbissen bunte Blickfänge schaffen will, befindet sich in einem Dilemma: Man muss sich entscheiden, ob man sie für dekorative oder für kulinarische Zwecke einsetzen möchte. Beliebte essbare Sorten sind z. B. *Mini-Patisson* *(s. Seite 11)*, *Jack-be-Little, Baby Boo* und *Türkenturban* *(s. Seite 15)*.

Kürbisblüten

Nicht nur die Früchte der Kürbispflanze sind faszinierend, sondern auch ihre Blüten. Groß, trichterförmig-glockig und gelb prangen sie an den Pflanzen. Die männlichen Blüten sind größer und zur Befruchtung nötig, doch aus den zierlicheren weiblichen wächst später die Kürbisfrucht heran, die je nach Sorte bis zu 1 m Durchmesser erreichen kann.

Kürbisblüten sind nicht nur eine Augenweide, Sie können sie auch direkt für kulinarische Zwecke verwenden: zum Füllen, Braten und Garnieren. Unser Tipp: Verwenden Sie zum Füllen die größeren männlichen Blüten. Lassen Sie jedoch beim Pflücken einige männliche Blüten stehen, damit sich Ihre Kürbispflanzen auch in Zukunft weiter fortpflanzen können.

Kürbiskerne und Kürbiskernöl

Die hoch geschätzten grünen Kürbiskerne und das wertvolle Kürbiskernöl stammen aus dem Inneren eines ganz bestimmten Gartenkürbis, des Ölkürbis *Herakles (Cucurbita pepo styriaca)* aus der österreichischen Steiermark.

Grüne Kürbiskerne sind nicht nur eine aromatische Knabberei, sondern auch eine sehr gesunde. Die Heilwirkung grüner Kürbiskerne bei Blasen- und Prostatabeschwerden ist in der Volksheilkunde schon lange bekannt. Sie sind in Naturkostläden und Reformhäusern erhältlich. Das kostbare Kürbiskernöl gewinnt man aus den gerösteten grünen Kürbiskernen. Es besitzt ebenfalls einen aromatischen, nussartigen Geschmack und ist von dunkler Farbe. Zum Braten und Dünsten ist Kürbiskernöl zu teuer, doch kleine Mengen können jedes delikate Gericht noch weiter verfeinern. Besonders lecker schmeckt es als Salatöl, vor allem für Blattsalate (je nach Gusto auch mit anderem Pflanzenöl verdünnt). Und wer möchte, kann auch einige Tropfen Kürbiskernöl über eines unserer zahlreichen Kürbisgerichte träufeln.
Guten Appetit!

Kürbis im eigenen Garten

Saat, Zucht und Aussaat

Ab März/April geht es auf der Fensterbank mit der Anzucht los: Jeweils zwei bis drei Samen werden in ein Töpfchen mit guter Anzuchterde gesteckt, die kräftigste Pflanze wird weiterkultiviert. Bei einer Temperatur von 22 bis 25° C rühren sich die Keimlinge schon nach 6 bis 8 Tagen.
Danach vertragen die jungen Pflänzchen schon die erste Düngergabe, denn Kürbisse sind Starkzehrer – sie sind immer hungrig. Wer zur Anzucht Komposterde verwendet, kann aber mit dem Düngen noch etwas warten.
Nach Mitte Mai, wenn die Eisheiligen mit den letzten Frostnächten vorüber sind, werden die jungen Pflanzen an Ort und Stelle in den Garten gepflanzt. Zur gleichen Zeit können Sie die Kürbisse aber auch direkt im Freiland aussäen. Gerade Lagerkürbisse holen die etwas spätere Aussaat schnell wieder ein. Das wird besonders dann interessant, wenn viele Kürbisse gezogen werden sollen und der Platz auf der Fensterbank zu knapp wird.
Sinnvoll ist eine Aussaat in Etappen: Die früh reifenden Sorten wie Zucchini, Rondinis und Ufo-Kürbisse, die im Sommer auf den Tisch kommen sollen, werden im Haus angezogen. Damit gewinnen Sie zusätzlich einen gewissen Vorsprung und die Ernte kann früher beginnen. Winterkürbisse zum Lagern kommen direkt ins Freiland. Ein Pflanzloch wird mit reifem Kompost gefüllt, die Jungpflanze gesetzt und gut angegossen.
Nicht nur in der Küche, sondern auch im Garten sind Kürbisse unproblematisch. Sie lieben Wärme und gedeihen deshalb am besten an geschützten Standorten in voller Sonne, nehmen aber auch mit einem gelegentlich beschatteten Platz vorlieb.

Ansprüche verschiedener Sorten

Der Pflanzabstand hängt von der Größe der Früchte und der Rankfreudigkeit der Sorte ab. Der kleine *Jack-be-Little* (aus der Familie der Gartenkürbisse) beispielsweise kommt mit etwa 0,3 m^2 Platz aus, der rekordverdächtige *Atlantische Riese* dagegen verlangt natürlich entsprechend große Flächen. Für den »normal großen« Speisekürbis reichen 0,5 bis 1 m^2.

Wenn Sie rankende Sorten über Gitter und Zäune klettern lassen, schaffen Sie nicht nur einen schnell wachsenden Sichtschutz, sondern sparen auch noch Beetfläche. Wegen des Gewichts der reifen Früchte sind es aber wieder eher die kleinfruchtigen Sorten, die dafür in Frage kommen. Mit ihnen lassen sich sogar Balkon oder Terrasse begrünen! Ein großer Topf oder Kübel bietet genug Platz für einen *Baby Boo* oder einen *Patidou* (beides Gartenkürbissorten) oder für eine *Mini-Flaschenkürbis*-Pflanze, deren Früchte jung genießbar sind und die im vollreifen Zustand noch eine wunderschöne Dekoration abgeben. Sogar *Zucchini*, die zwar nicht ranken, aber mächtig ausufern, können in ausrei-

chend großen Gefäßen kultiviert werden. Dafür sind etwa Mörtelkübel geeignet. Achten Sie nur darauf, dass sich im Boden ein Loch befindet, damit überschüssiges Gießwasser abfließen kann.
Übrigens: Der Gartenkürbis *Lady Godiva* wird vor allem wegen seiner schalenlosen Kerne gerne angebaut. Die getrockneten mineralstoffreichen Kerne haben einen feinen Mandelgeschmack und schmecken sowohl roh als auch geröstet.

Bodenqualität und Pflege

Die Pflanzen im Garten direkt auf den Kompost zu setzen, wie es häufig gemacht wird, ist nicht zu empfehlen. Das wäre des Guten zu viel. Der Kürbis bedient sich dort zwar gerne vom überreichen Nährstoffangebot, es besteht aber die Gefahr, dass die Früchte Nitrat anreichern, was den gesundheitlichen Wert beeinträchtigt. Außerdem leidet die Haltbarkeit bei zu stark angetriebenen Früchten. *Neben* dem Kompost ist eindeutig der bessere Platz für die Pflanze. Dort profitiert sie von der Nährstoff-Ausschwemmung, wird aber nicht damit »überschwemmt«, und die großbeblätterten Kürbisranken können gleichzeitig den Kompost bedecken und für den dort gewünschten Schatten sorgen.
Wer Pferdemist zur Verfügung hat, kann damit den Kürbissen einen Extra-Kompost ansetzen oder gleich im Herbst das für die Kürbispflanzung vorgesehene Beet mit Mist versorgen.
Als Startdüngung kommt neben der Kompostgabe auch ein organischer Volldünger in Frage. Für die nachfolgende Düngung, die vor allem von den dickfruchtigen Sorten in der Wachstumsphase gebraucht wird, sind Pflanzenjauchen ideal, z. B. aus Brennnessel und Beinwell. Wasser brauchen Kürbisse reichlich und regelmäßig, es ist fast wichtiger als die Düngung, denn an heißen Tagen verdunstet durch die große Blattoberfläche die über die Wurzeln aufgenommene Feuchtigkeit sehr rasch. Ist es zu trocken, hängen die Blätter schlapp. Damit die Versorgung der Früchte nicht leidet, sollten Sie es aber nie so weit kommen lassen.

Unkraut und Schädlinge

Unkraut ist auf dem Kürbisbeet kaum ein Problem, denn die üppige Blattmasse bedeckt den Boden schnell und lässt so die unerwünschte Konkurrenz kaum aufkommen. Nur anfangs sollten Sie hacken, später ist keine Bodenbearbeitung mehr nötig. Mulchen mit organischem Material unterdrückt zu Beginn die unerwünschten Beikräuter und hält auch die Feuchtigkeit im Boden.

Unter den tierischen Schädlingen sind es vor allem die Nacktschnecken, die Kürbisblüten lieben und auch junge Früchte benagen. Ausgelegte Bretter, unter denen sich die Schnecken tagsüber verkriechen und von denen sie abgesammelt werden können, sollen die Tiere von den Kürbissen weglocken. Andere Maßnahmen wie Sand, Sägemehl oder Getreidespelz, welche um die Pflanzen gestreut werden, wirken nur, solange das Material trocken bleibt.

Vorbeugend gegen falschen Mehltau, der Kürbisse wie auch Gurken befällt, sollten die Kürbisse nicht am Nachmittag oder Abend bewässert werden, damit die Blätter vor der Nacht abtrocknen können.

Echter Mehltau kann Ihren Pflanzen ebenfalls zu schaffen machen. Im Hobbygarten wirkt sich ein Befall meist erst zu fortgeschrittener Kulturzeit stark schädigend auf die Kürbisse aus, so dass Sie auf Pflanzenschutzmaßnahmen eher verzichten können.

Eigenes Saatgut ziehen

Das Saatgut für selbstgezogene Kürbisse bekommen Sie theoretisch schon beim Kochen. Sie können einfach die anfallenden Kürbiskerne trocknen und nach Sorten getrennt aufbewahren. Wenn sie diese aussäen und sich dann die ersten Früchtchen zeigen, können Sie aber unter Umständen eine Überraschung erleben. Da sich Kürbisse sehr leicht kreuzen, ist es gar nicht unwahrscheinlich, dass Sie andere Früchte vorfinden als erwartet. Dann ist Ihr Kürbis von einer anderen Sorte der gleichen Art bestäubt worden und hat kein sortenreines Saatgut hervorgebracht. Speisekürbis bleibt zwar immer Speisekürbis, aber Form und Geschmack können sich bei den Kreuzungen doch erheblich ändern.

Wer den eigenen Wunschkürbis anbauen möchte ohne böse Überraschungen zu erleben, hat zwei Möglichkeiten: Entweder über spezielle Saatgutversender sortenreines Saatgut bestellen (Adressen im An-

hang Seite 214) oder das eigene Saatgut züchten. Wenn Sie mehrere Sorten anbauen, sollten Sie auf jeden Fall einige »Sicherheitsvorschriften« beachten, damit es nicht zu unerwünschten Kreuzungen kommt: 800 Meter Mindestabstand zur nächsten blühenden Pflanze aus der gleichen Gattung sind ein Muss, um einigermaßen sicher zu gehen, dass die eigene Pflanze nicht durch Insekten mit den Pollen der anderen Pflanze bestäubt wird. Selbst dann kann man nicht ganz sicher sein, einen wirklich sortenreinen Kürbis zu erhalten.
Um dem vorzubeugen, empfiehlt es sich, die Blüten der zur Weitervermehrung bestimmten Pflanzen von Hand zu bestäuben. Dabei werden Pollen von einer männlichen Blüte auf eine weibliche (man erkennt sie an den kleinen Fruchtansätzen unter der Blüte) übertragen und die weibliche Blüte danach mit einem geeigneten Klebeband zugeklebt, damit keine weitere Bestäubung stattfinden kann.
Die Früchte, die aus dieser Bestäubung hervorgehen, sollen am Stock voll ausreifen, die Samen werden dann sorgfältig und schonend getrocknet. Kürbissaatgut bleibt bei richtiger Lagerung wenigstens 5 Jahre keimfähig.
Wir wünschen viel Vergnügen beim Ziehen (und Verspeisen) Ihrer eignen Lieblingssorten!

Gewürze rund um den Kürbis

Gewürze und Gewürzmischungen sind das Zauberwort und das Erfolgsgeheimnis jeder guten Küche – die leckere Kürbisküche macht da keine Ausnahme.
Gewürze können unseren Speisen aromatische, interessante und farbenfrohe Nuancen verleihen. Richtig würzen will gelernt sein. Eine gute Köchin und ein guter Koch weiß, mit welchen Gewürzen welche Geschmacksnuancen verstärkt oder abgemildert werden.
Gewürze sind beileibe nicht gleichbedeutend mit »scharf«. Nicht wenige Gewürze verfeinern sowohl süße als auch pikante Gerichte, z. B. Muskat, Kardamom, Ingwer, Zimt oder Nelken. Manche Gewürze verleihen den Speisen ein wunderschönes farbenfrohes Aussehen wie Kurkuma, Paprika oder Safran. Bei anderen wiederum schätzt man ihr außergewöhnliches Aroma.
Gewürze sind aber noch weitaus mehr als Appetitanreger und Gaumenschmeichler: Sie helfen der Verdauung, wehren Krankheitserreger ab und machen fit und munter. Immer mehr setzt sich auch in unseren Breiten das Bewusstsein durch, dass kluges Würzen nicht nur den Speisezettel bereichert, sondern vor allem auch der Gesundheit und sogar der Psyche viel Gutes tut. Jedes Gewürz hat seine ganz spezifische Wirkung auf die Organe.
Der milde, süßliche Kürbis lädt regelrecht dazu ein, mit den geeigneten Gewürzen zu kochen und zu experimentieren. Verwenden Sie Gewürze aber immer in behutsamen Mengen und auch nicht zu viele verschiedene Gewürze in einer Zubereitung. Denn auch bei Gewürzen gilt: »Weniger ist mehr!« Einige beliebte Gewürze, die ideal zu Kürbisgerichten aller Art passen, haben wir etwas näher beleuchtet:

Asafoetida (engl. Hing)

Asafoetida stammt aus der jahrtausendealten Ayurveda-Küche Indiens, wo es als Gewürz und Heilmittel Verwendung findet. Es wird zur Anregung der Verdauung und der Gedächtniskraft, zur Linderung von Schmerzen und Blähungen und als Hilfe bei Frauenbeschwerden ein-

gesetzt. Im Geruch und Geschmack erinnert es etwas an Knoblauch oder Zwiebeln.
Mit Asafoetida verfeinert man Gemüsegerichte, insbesondere Kohl, sowie alle Gerichte mit Hülsenfrüchten. Überhaupt setzt man es überall dort ein, wo man seinen etwas pikanten und an Zwiebel erinnernden Geschmack schätzt. Sein Geschmack entfaltet sich am besten, wenn es geröstet oder gekocht wird.
Asafoetida bekommen Sie im indischen oder asiatischen Lebensmittelladen oder beim Gewürzversand (Adressen Seite 214) als Pulver oder als Harz (das wie Muskat gerieben wird). Für die Rezepte in diesem Buch haben wir das Pulver verwendet.

Bockshornkleesamen

Die viereckigen, ziemlich flachen, beige-bräunlichen Samen schmecken leicht nussig. Bockshornkleesamen sind in Indien fester Bestandteil jeder Currymischung. In der Heilkunde schätzt man ihre Wirkung auf das Nervensystem, die Leber, Nieren und Schleimhäute.
In der Küche verwendet man die Samen gemahlen wie ungemahlen. Sie passen hervorragend zu pikanten Kürbisgerichten, Salaten und Suppen. Achten Sie nur darauf, dass die Samen beim Rösten nicht anbrennen, was ihnen einen bitteren Geschmack verleihen würde.
Bockshornkleesamen sind im Naturkostladen, Reformhaus, Gewürzladen, indischen oder asiatischen Lebensmittelgeschäft oder beim Versand (Adressen Seite 214) erhältlich.

Ingwer

Ob frisch oder in Pulverform, Ingwer gehört zu einem der beliebtesten Gewürze rund um den Erdball – auch in unseren Breitengraden. Nicht ohne Grund, denn Ingwer hat die Fähigkeit, sowohl süße als auch pikante Speisen mit einer angenehmen Schärfe abzurunden. Willkommen sind natürlich auch seine zahlreichen Heilwirkungen, u. a. wirkt er verdauungsanregend, entschlackend und schützt vor Erkältungskrankheiten.
Aus der Kürbisküche ist Ingwer nicht wegzudenken. Frischer Ingwer verfeinert Gemüsegerichte, Suppen und Konfitüren, wohingegen Ingwerpulver gut zu Gebäck passt. Kaufen Sie frischen Ingwer immer

nur in kleinen Mengen und achten Sie darauf, dass die Schale noch fest und glatt ist.
Frische Ingwerwurzeln bekommen Sie inzwischen in jedem gut sortierten Gemüsegeschäft oder Supermarkt.

Kardamom

Kardamom stammt aus Vorderindien. Es gibt zwei Arten von Kardamom, den *grünen*, kleinen (im Aroma stärkeren) und den *roten*, großen Kardamom. Wir bevorzugen die grünen Kardamomkapseln. Nach Safran und Vanille ist Kardamom das teuerste Gewürz; geschmacklich ähnelt er Zitronenschalen und Eukalyptus. Er regt nicht nur den gesamten Stoffwechsel an, sondern steigert auch die Gedächtnisleistung und hellt die Stimmung auf.
Wirklich gute Qualität hat Kardamom, wenn die in den grünen Hülsen enthaltenen Samen schwarz sind. Beige Samen sind noch unreif und von schwacher aromatischer Kraft. In der Küche werden die aus den grünen Kapseln herausgelösten schwarzen Samen ganz oder gemahlen verwendet. Die aromatischen Samen passen sowohl zu süßen als auch zu pikanten Kürbisgerichten.
Kardamom bekommen Sie im Gewürzladen, Reformhaus, Naturkostladen, indischen Lebensmittelgeschäft oder beim Gewürzversand (Adressen Seite 214).

Koriander

In der asiatischen Küche sind die rundlichen beigen Korianderkörner etwas Besonderes. Sie schmecken mild und dennoch aromatisch. Koriander stärkt Körper und Herz und regt die Verdauung an.
In der Kürbisküche passt Koriander zu allen Gerichten, ebenso zu Broten, Suppen, Gemüse- und Reisgerichten, Salaten, Chutneys, Lebkuchen und Weihnachtsgebäck. Selbst viele Gewürzmischungen (wie z. B. Curry, Garam Masala) kommen nicht ohne Koriander aus.
Die frischen grünen Korianderblätter werden in der asiatischen und lateinamerikanischen Küche so häufig verwendet wie bei uns die Petersilie.
Koriander ist in Gewürzläden, Naturkostläden und Supermärkten gemahlen oder in Form ganzer Körner erhältlich. Frische Korianderblät-

ter bekommen Sie in gut sortierten Gemüsegeschäften oder asiatischen Lebensmittelgeschäften.

Kreuzkümmel (Cumin)

Kreuzkümmel ist in Indien, Ostasien und im Mittelmeerraum beheimatet. Obwohl er mit unserem Kümmel verwandt ist, schmeckt Kreuzkümmel doch völlig anders. In der Heilkunde schätzt man seine stärkende Wirkung auf Darmflora, Augen, Herz, Leber und Nieren.
Mit Kreuzkümmel verfeinert man pikante Kürbisgerichte, Joghurtspeisen und Salate sowie die in Indien beliebten pikanten Joghurtgetränke (Lassi). Currymischungen sind ohne Kreuzkümmel undenkbar. Der volle Geschmack und das Aroma entwickeln sich erst, wenn man die ganzen Kreuzkümmel trocken in der Pfanne röstet.
Kreuzkümmel gibt es im Gewürz- oder Naturkostladen, im asiatischen, türkischen und indischen Lebensmittelgeschäft oder beim Gewürzversand (Adressen Seite 214).

Kurkuma (Gelbwurz, Turmerik)

Leuchtend gelb und fein ist das Kurkumapulver. In Europa kennen wir Kurkuma meist nur durch das Curry, dem er seine typische Farbe verleiht. Kurkuma, bekannt als natürliches Antibiotikum, verleiht allen Speisen ein farbenprächtiges und appetitanregendes Aussehen. Auch bei vielen Kürbisgerichten darf Kurkuma nicht fehlen.
Kurkuma bekommen Sie in Gewürzläden, Naturkostläden, asiatischen und indischen Lebensmittelgeschäften.

Muskat / Muskatblüte (Macis)

Muskat verfeinert in kleinen Mengen, am besten frisch gerieben, sowohl pikante als auch süße Speisen. Dies gilt natürlich auch für alle Kürbiszubereitungen. In Maßen verwendet, wirkt die Muskatnuss antiseptisch, entblähend und verdauungsanregend. Diese Wirkung wird im Verbund mit anderen Gewürzen wie Kardamom und Ingwer noch verstärkt.
Die Muskatblüte, auch Macis genannt, ist der orangefarbene getrocknete Samenmantel der Muskatnuss. Vor allem gemahlen schätzt man sie für Weihnachtsgebäck und andere Backwaren, wie z. B. Gewürzkuchen. Macis ist etwas feiner im Geschmack als Muskatnuss.

Muskatnuss (ganz oder gemahlen) und Macis (gemahlen) gibt es im Gewürzladen, Naturkostladen und Reformhaus.

Nelken

Nelken sollte man wegen ihres hohen Anteils an ätherischen Ölen immer nur sparsam einsetzen. In Indien bietet man als Erfrischung und zur Verdauungsanregung nach dem Essen manchmal Gewürznelken zum Kauen an.
Nelken sind ideal für Kürbisgerichte, aber auch zum Aromatisieren von Kuchen und Gebäck sowie für Kompott, Obstsalate, Chutneys, Saucen, Suppen und Gemüse.
Nelken erhalten Sie im Gewürzladen, Supermarkt oder Naturkostladen. Kaufen Sie jedoch nur dicke und runde Nelken, keine verschrumpelten.

Safran

Safran wird aus den getrockneten Blütennarben des Safran-Krokus gewonnen. Er ist das teuerste Gewürz der Welt, da jede Krokusblüte nur 3 – 4 Safranfäden enthält. Sein Geschmack ist eine Kombination aus angenehm scharf, leicht bitter und zugleich süßlich und honigartig. In der Heilkunde schätzt man seine vitalisierende Wirkung, auch auf Kreislauf, Verdauung und Psyche.

Safran färbt und aromatisiert Desserts (auch Kürbisdesserts), Gebäck, Reisgerichte und Getränke. Ganze Safranfäden sollten vor dem Kochen 10 Minuten lang eingeweicht werden; das verstärkt ihr Aroma und die Farbintensität.

Safran bekommen Sie im Gewürzladen, im indischen und persischen Lebensmittelgeschäft und beim Gewürzversand (Adressen Seite 214).

Schwarze Senfkörner (engl. Mustard)

Genau genommen sind die kleinen Senfsamen des Braunen Senfs nicht schwarz, sondern violett-braun. Sie haben hervorragende antibakterielle und verdauungsfördernde Eigenschaften, daneben stärken sie Leber, Atemwege und Herz.

Mit Senfsamen würzt man pikante Kürbisgerichte, aber auch andere Gemüse- und Linsengerichte, sowie Chutneys, Suppen und Saucen. Ihren vollen Geschmack entfalten die kleinen Samen, wenn sie in etwas Fett angeröstet werden, bis sie im (geschlossenen) Topf springen. Schwarze Senfkörner gibt es im Gewürzladen, im indischen oder persischen Lebensmittelgeschäft oder beim Gewürzversand (Adressen Seite 214).

Schwarzkümmel (Kalonji)

Schwarzkümmel hat unzählige Namen: In indischen Geschäften findet man die Samen als Kalonji oder Kalinji; auf den Packungen werden sie fälschlicherweise als »schwarze Zwiebelsamen« bezeichnet, und in orientalischen Geschäften wiederum erhält man sie unter dem Namen »Siyah Daneh« oder »schwarze Samen«. Schwarzkümmelsamen sind in der Heilkunde hoch geschätzt: Sie helfen bei Bronchialerkrankungen und stärken Augen, Ohren, Muskeln, Knochen, Haut und Leber. Darüber hinaus regen sie Magen-Darm-Trakt, Harnwege und Kreislaufsystem an.

Kalonji passt hervorragend zu Kürbis-Pakoras (Kürbis im Teigmantel, Seite 141), zu Gemüsegerichten oder an Stelle von Sesam über Fladenbrote gestreut.

Schwarzkümmel bekommen Sie im Gewürzladen, in indischen und persischen Lebensmittelgeschäften sowie beim Gewürzversand (Adressen Seite 214).

Tamarinde

Tamarinde ist bei den meisten süßsauren Gerichten Indiens mit von der Partie und beinhaltet neben anderen Vitaminen vor allem viel Vitamin C. Tamarinde regt den Appetit an, löscht den Durst, fördert die Verdauung und stärkt das Herz.

Der süß-säuerliche Geschmack der Tamarinde passt ideal zu Kürbisgerichten und wird in Südindien auch gerne für süßsaure Gemüse- und Reisgerichte sowie Dals (Linsensuppen) verwendet.
Tamarinden-Extrakt bzw. getrocknete Tamarinde bekommen Sie im indischen Lebensmittelgeschäft bzw. beim Gewürzversand (Adressen Seite 214).

Tipp: Falls Sie kein Tamarindenextrakt, sondern die getrockneten Tamarindenschoten (in Blockform verpackt) verwenden, weichen Sie etwa 50 g in einer kleinen abgedeckten Schüssel mit 250 ml kochend heißem Wasser 15 – 20 Minuten ein. Gießen Sie das Ganze dann durch ein feines Sieb ab und passieren Sie die Tamarinde mit einem Holzlöffel so lange, bis möglichst alles Mark durch das Sieb gepresst ist. Kratzen Sie dabei mit dem Löffel auch das Mark ab, das sich auf der Unterseite des Siebes befindet.

Zimt

Ähnlich wie Ingwer schätzt man Zimt nicht nur als Gewürz, sondern nahezu als ein Universalheilmittel. Zimt wirkt milder als Ingwer und ist gerade für Menschen mit angeschlagener Gesundheit sehr wohltuend. Er hilft gegen Erkältungen, reinigt das Blut und stärkt den Kreislauf und die Verdauung.
Die goldbraunen Zimtstangen bzw. das Pulver schätzt man zum Aromatisieren von Gebäcken aller Art, Milch und Milchspeisen, Suppen, Gemüse-, Dal-(Linsen-) und Reisgerichten sowie von Getränken und Desserts. Damit ist Zimt geradezu prädestiniert, sowohl süße als auch pikante Kürbisgerichte zu verfeinern.
Zimt gibt es (als Pulver oder als Stange) im Gewürz- und Naturkostladen sowie im Supermarkt.

Zitronenpfeffer

Zitronenpfeffer ist eine Gewürzmischung aus schwarzem Pfeffer, Zitronenschalen und Kurkuma. Sie bekommen ihn in Gewürzläden und beim Gewürzversand (Adressen Seite 214).

Geheimtipps aus der Kürbisküche

Geröstete Kürbiskerne

Was tun mit all den Kürbiskernen? Die Frage, die beim Kochen mit Kürbis automatisch auftaucht, hat man auf dem Balkan und in der Türkei auf eigene Weise gelöst. Dort sind getrocknete und geröstete Kürbiskerne eine beliebte Knabberei – egal ob mit oder ohne Salz. Probieren Sie selbst, welche Kürbissorte die leckersten Kerne abwirft.

So wird's gemacht:

Kürbiskerne gut waschen, von feinen Fasern befreien und zum Trocknen auf einem Tuch oder Zeitungspapier auslegen. Dann die getrockneten Kerne mit oder ohne Fett in der Pfanne rösten (je nach Gusto einfach pur oder mit etwas Salz und Gewürzen wie z. B. Curry). Die abgekühlten Knabberkerne können Sie in einem Schraubglas aufbewahren.

Manche mögen die Kerne mit Schale, andere »knacken« sie lieber und essen nur das feine Innere. In jedem Fall wünschen wir Ihnen viel Spaß beim Knabbern!

Leckere Flaschenkürbiskerne

Unsere persönlichen Favoriten sind die frischen, weichen Kürbiskerne des indischen Flaschenkürbis. Im Geschmack erinnern sie etwas an Sonnenblumenkerne.

So wird's gemacht:

In der Pfanne mit etwas Öl, Butter oder Butterschmalz anrösten und nach Wunsch würzen, z. B. mit Curry, Paprika und/oder Kräutern der Provence.

So schmecken sie besonders gut über Reis- oder Nudelgerichte gestreut.

→

Grüne Kürbiskerne

Schalenlose grüne Kürbiskerne sind eine ganz besonders aromatische Knabberei. Sie stammen von einer besonderen Ölkürbissorte (s. a. Seite 23) und sind in Naturkostläden und Reformhäusern erhältlich. Genießen Sie die grünen Kürbiskerne roh oder geröstet, z. B. über Kürbissuppe oder Salat gestreut, zum Verfeinern von Saucen, Pesto, zum Backen oder für Konfekt. Auch als Sprossen über Salat oder aufs Brot machen sie sich ausnehmend gut. Rezepte mit grünen Kürbiskernen finden Sie auch im Rezeptteil.

Bittermelonen-Crunchies

Um der Bittermelone ihren bitteren Geschmack etwas zu nehmen, kann man sie mit einem Sparschäler schälen und ihre Schalen ausgebreitet auf einem Tuch in der Sonne oder an der Heizung trocknen. Die trockenen Schalenstückchen lassen sich gut in einem Schraubglas aufbewahren. Sie können aber auch die ganze Bittermelone in hauchdünne Scheiben schneiden und trocknen.
Bei Bedarf rösten Sie die Bittermelonenstückchen dann einfach schnell in etwas Öl bzw. Butterschmalz an. Mit etwas Salz und/oder Curry bestreut oder einfach pur sind Bittermelonen-Crunchies eine delikate Verfeinerung. Sie werden über Suppen, Dals (indische Linsensuppen), Bratkartoffeln, Nudel- oder Reisgerichte gestreut oder ähnlich wie Kartoffelchips geknabbert. Ihr mild bitterer Geschmack wirkt anregend auf die Verdauung.

Für Tierfreunde

Gerade in der kalten Jahreszeit freuen sich Vögel und andere Tiere über getrocknete Kürbiskerne, die ihre Speisekarte gehaltvoll erweitern. So finden Ihre im Sommer und Herbst getrockneten Kerne eifrige Abnehmer.

Das sollten Sie noch wissen

Die **Gewichtsangaben** beziehen sich – wenn nicht anders angegeben – auf das gewaschene und geputzte Gemüse (Nettogewicht). Wurde in einem Rezept der ganze Kürbis (mit Schale) verwendet, so bezieht sich das angegebene Gewicht natürlich auf das Bruttogewicht (z. B. gebackener Kürbis mit Käsefüllung, Seite 94).

Mengenangaben der benutzten Messlöffel

1 (gestrichener) EL =	15 ml
1 (gestrichener) TL =	5 ml
½ TL =	2 ml
¼ TL =	1 ml

Backtemperaturen: Die angegebenen Backtemperaturen beziehen sich auf einen Elektroherd. Heißluftherde kommen mit 5 – 10 Minuten geringeren Backzeiten und 5 – 25° C geringeren Temperaturen aus.

Zum Süßen verwenden wir am liebsten Vollrohrzucker, weil er neben Honig das natürlichste Süßungsmittel ist. Bei den wenigen Gerichten, bei denen Vollrohrzucker allerdings geschmacklich oder farblich zu sehr dominieren würde, haben wir auf den nicht mehr ganz so vollwertigen Roh-Rohrzucker zurückgegriffen. Die Wahl der Zuckerart bleibt aber natürlich ganz Ihnen überlassen.

Symbolerklärung

Vegan: Die mit diesem Symbol gekennzeichneten Rezepte sind vegan, d. h. sie enthalten keine tierischen Produkte.

Vegane Variante: Die mit diesem Symbol gekennzeichneten Rezepte beinhalten eine vegane Variante, d. h. bei Zutaten tierischen Ursprungs ist eine vegane Alternative angegeben, mit denen sie problemlos ersetzt werden können.

Praktische Tipps

Schneiden, schälen und Kerne entfernen

Kürbis nach dem Waschen mit einem großen Messer halbieren bzw. in Schnitze schneiden. (Besonders hartschalige Sorten können Sie auch mit Hilfe eines großen Küchenmessers und eines Hammers auseinander brechen.)

- Mit einem Sparschäler oder einem scharfen Messer geht das Schälen des Kürbis am leichtesten.
- Kerne und Fasern lassen sich mit einem großen Löffel herauskratzen.
- Schneiden Sie den Kürbis je nach Rezept in Würfel, Schnitze oder Scheiben.

Kürbispüree

Für Kürbispüree eignen sich am besten die Sorten Hokkaido, Potimarron, Türkenturban, Tristar, Butternuss, Muskatkürbis und Eichelkürbis. Kürbispüree können Sie auf verschiedene Weise zubereiten:

- Kürbiswürfel im Schnellkochtopf 7 – 10 Minuten kochen.
- Kürbiswürfel mit wenig Wasser 10 – 15 Minuten dünsten.
- Den ganzen Kürbis (bei kleinen Sorten wie z. B. Hokkaido) mit Schale im Backofen bei 200° C 40 – 55 Minuten backen und das Fruchtfleisch mit einem Löffel herausschaben (vorher einen Deckel abschneiden, damit die Hitze entweichen kann. Die Kerne können vor oder nach dem Backen entfernt werden).
- Oder die Kürbiswürfel im Backofen 40 – 50 Minuten backen.

Danach den gekochten, abgetropften bzw. gebackenen Kürbis

- entweder in einem Mixer, einer Küchenmaschine bzw. mit dem Pürierstab pürieren
- oder durch ein feines Sieb streichen bzw. durch eine Kartoffelpresse drücken.

Eine genaue Anleitung für gesüßtes Kürbispüree (für Desserts und Kuchenfüllungen) finden Sie auf Seite 191.

Tiefkühlen

Kürbis lässt sich auch gut tiefkühlen, besonders die festfleischigen Sorten. Dazu bereiten Sie ihn am besten folgendermaßen vor:

- Für Gemüsegerichte und Suppen: Rohe Kürbiswürfel oder -schnitze in Beutel verpacken und eingefrieren.
- Für Suppen, Desserts und Kuchenfüllungen: Kürbispüree zubereiten (siehe oben), abgetropft und ausgekühlt in einem Tiefkühlbehälter oder Beutel einfrieren.

Richtige Lagerung

- Am besten verwenden Sie immer nur ausgereifte und unversehrte Kürbisse samt Stiel. Die Kürbisse sollten weder am Stiel noch an der Schale beschädigt sein, damit sie sich möglichst lange halten und nicht so leicht schimmeln.
- Wer stolzer Besitzer von Kürbissen aus dem eigenen Garten ist: Einigen Sorten bekommen ein paar kühle, aber frostfreie Herbsttage gut, sie werden dann süßer im Geschmack. Vor dem Einlagern sollten sie noch 2 – 3 Tage an einem warmen Ort trocknen, z. B. draußen in der Sonne.
- In einem kühlen, luftigen Raum (z. B. einem trockenen Keller) lagern Kürbisse am besten bei ca. 14° C auf Verpackungsmaterial (mit möglichst großen Luftkammern). In unversehrtem Zustand halten sich Kürbisse so je nach Sorte einige Wochen bis viele Monate.

Bezugsquellen

Auf Wochenmärkten bieten im Spätsommer und Herbst vor allem die Stände mit Obst und Gemüse aus ökologischem Anbau eine große Auswahl an verschiedenen Kürbissorten an. Aber auch in Gemüseläden, Naturkostläden, Reformhäusern und beim türkischen Gemüsehändler bekommen Sie zur jeweiligen Zeit verschiedene Kürbissorten.

Wenn Sie nach **ausgefalleneren bzw. exotischen Kürbissen** suchen, fragen Sie einfach bei Fachhändlern für exotisches Obst und Gemüse sowie in indischen, chinesischen, thailändischen oder persischen Lebensmittelgeschäften nach. Sollte Ihr Wunschkürbis nicht dabei sein, können Sie ihn dort oft auch bestellen.

Selbst gemachter Frischkäse – ideal für die leckere Kürbisküche

Frischkäse lässt sich kinderleicht und schnell selbst herstellen. Zudem ist er von allen Käsesorten der bekömmlichste. Sie brauchen nur einen Topf mit schwerem Boden, ein Baumwoll-Käsetuch (z. B. eine Baumwollwindel), ein Sieb, Zitronensaft – und natürlich Milch (keine H-Milch).

1) Einen sauberen Topf mit kaltem Wasser ausspülen (damit die Milch nicht anbrennt) und die Milch darin zum Kochen bringen. In der Zwischenzeit Zitronensaft auspressen (Menge siehe Tabelle).
2) Wenn die Milch zu steigen beginnt, Zitronensaft nach und nach hineingeben und mit einem Holzlöffel umrühren. Jetzt trennen sich die kleinen, weißen Käsestückchen von der gelbgrün schimmernden Molke. Wenn die Molke immer noch nicht klar ist, noch einmal leicht aufkochen lassen und – falls nötig – noch einige Tropfen Zitronensaft hineinträufeln.
3) Käsetuch über ein Sieb legen und das Sieb in eine Schüssel stellen, um die wertvolle Molke aufzufangen. Jetzt den Topfinhalt durch das Sieb gießen.
4) Den Frischkäse mit dem Käsetuch kurz unter fließend kaltes Wasser halten, das Käsetuch an den vier Enden zusammenknoten, aufhängen und etwas abhängen lassen, bis keine Molke mehr tröpfelt (= **weicher Frischkäse**) oder Käsetuch in das Sieb legen und mit einem schweren Gewicht (einem Stein oder einem gefüllten Topf) 15 – 20 Minuten pressen (= **fester Frischkäse**).

Wie viel Frischkäse erhalte ich aus der Milch?

1 l Milch: 150 g weicher Frischkäse (115 g, 10 Minuten gepresst)
2 l Milch: 285 g weicher Frischkäse (250 g, 10 Minuten gepresst)

Wie viel Zitronensaft brauche ich?

Milch	Zitronensaft
1 l	2 EL (30 ml)
1,5 l	3 EL (45 ml)
2 l	4 EL (60 ml)
2,5 l	5 EL (75 ml)
4 l	8 EL (120 ml)

Die Hauptsache zuerst – Gemüsegerichte

Kürbis ganz einfach

Schnell mal in die Pfanne hauen. Dieses einfache Pfannengemüse ist für eilige Zeitgenossen genau das Richtige. Am besten schmeckt es zu Basmatireis mit etwas Butter oder Olivenöl und Zitronensaft.

Für 4 Personen

750 g Kürbis
1 – 2 EL Olivenöl
½ TL Kurkuma
1 EL italienische Kräuter (z. B. Basilikum, Majoran)
eventuell etwas Wasser
½ – 1 TL Meersalz
etwas Paprikapulver (falls gewünscht)
etwas Zitronensaft zum Beträufeln

So wird's gemacht:

1) Kürbis waschen, schälen, entkernen und in dicke Scheiben schneiden.
2) In einer großen Pfanne (mit Deckel, der später benötigt wird) Olivenöl erhitzen und die Kürbisscheiben darin anbraten. Nach etwa 5 Minuten wenden, mit Kurkuma und Kräutern bestreuen und zugedeckt auf mittlerer Flamme weitere 5 – 10 Minuten köcheln lassen, bis der Kürbis gar ist. Eventuell etwas Wasser hinzufügen.
3) Vor dem Servieren noch Salz und falls erwünscht Paprikapulver darüber streuen und mit etwas Zitronensaft beträufeln.

Kürbis-Tomaten-Gemüse

Gewürze sind mehr als nur Appetitanreger und Gaumenschmeichler: Sie sind Verdauungshelfer, Schutz vor Krankheitserregern, Fit- und Muntermacher. Wer klug würzt, bereichert nicht nur den Speisezettel, sondern tut auch der Gesundheit und der Psyche etwas Gutes.

Für 4 Personen

350 g Tomaten
700 g Kürbis
100 g Kartoffeln
1 kleine frische grüne Chili
1 – 2 EL Olivenöl
1½ TL Fenchelsamen
1½ TL frisch geriebener Ingwer
1 TL Kurkuma
1 Prise Muskat
1 TL Meersalz
1 TL frisch gemahlener schwarzer Pfeffer
zerstoßene Samen von drei Kardamomkapseln

So wird's gemacht:

1) Tomaten waschen, in kochend heißem Wasser blanchieren und enthäuten.
2) Kürbis und Kartoffeln waschen, schälen und in Würfel schneiden. Chili entkernen und klein schneiden.
3) Olivenöl erhitzen und Fenchelsamen goldbraun anrösten. Dann Ingwer, Chili und Kurkuma hinzufügen und nach einigen Sekunden auch die Kartoffeln. Haben die Kartoffeln nach wenigen Minuten eine leicht goldbraune Farbe angenommen, die Kürbiswürfel hinzugeben und unter ständigem Rühren 5 Minuten rösten.
4) Die Tomaten klein schneiden und dazugeben. Das Gericht zugedeckt auf mittlerer Flamme köcheln lassen, bis es gar ist.
5) Mit Muskat, Salz, Pfeffer und Kardamom würzen.

Tipp: Reis, Nudeln oder Fladenbrot machen sich zu diesem Gericht besonders gut.
Oder probieren Sie einmal Kürbis-Karotten-Frikadellen (Seite 131) dazu.

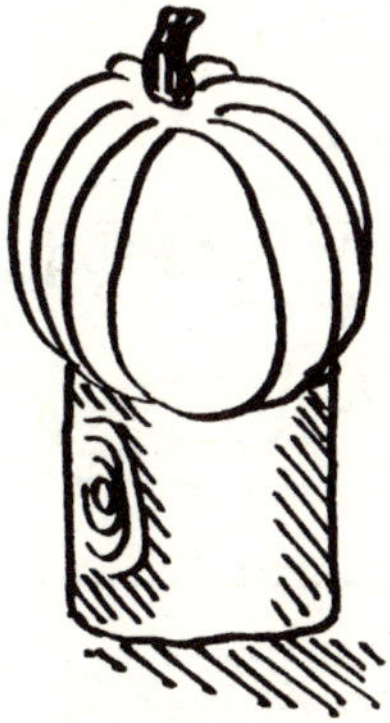

Kürbis-Kartoffel-Pfanne

Abrakadabra! Man nehme so einfache heimische Zutaten wie Kartoffeln und Kürbis, gebe einige exotische Gewürze und Joghurt dazu, und im Handumdrehen hat man ein schnelles und leckeres Pfannengericht gezaubert.

Für 4 Personen

450 g Kürbis
450 g Kartoffeln
2 EL Olivenöl bzw. Butter
1 TL schwarze Senfsamen
1 Zimtstange (5 cm)
1 Nelke
Samen von 3 Kardamomkapseln (ganz oder gemahlen)
2 TL gemahlener Koriander
1½ TL Kurkuma
100 – 125 g Joghurt
1 TL frisch gemahlener schwarzer Pfeffer
1 TL Zitronensaft
1 TL Meersalz

So wird's gemacht:

1) Kürbis und Kartoffeln waschen, schälen und den Kürbis entkernen. Beides in etwa 1 ½ cm große Würfelchen schneiden.
2) In einer Pfanne Olivenöl bzw. Butter erhitzen. Schwarze Senfsamen, Zimtstange, Nelke und Kardamomsamen darin rösten, bis die Senfsamen zu springen beginnen. Sofort Kartoffelwürfel, Koriander und Kurkuma hineingeben und dabei öfters umrühren. Nach einigen Minuten auch die Kürbiswürfel und den Joghurt dazugeben.
3) Gemüse zugedeckt bei mittlerer Hitze etwa 15 Minuten kochen, bis es gar ist. Zwischendurch immer wieder umrühren und noch etwas Wasser hinzufügen, falls das Gemüse anzusetzen droht.
4) Mit Pfeffer, Zitronensaft und Salz würzen. Vor dem Servieren Zimtstange und Nelke entfernen.

Tipp: Salate wie Gurkensalat mit Flaschenkürbis (Seite 157) oder Eisbergsalat mit Kürbis und Mais (Seite 162) machen sich zu diesem Gericht besonders gut. Noch etwas frisch gehackte Korianderblätter bzw. Petersilie über das Pfannengemüse streuen und – guten Appetit!
Wer Abwechslung liebt, kann in diesem Rezept die Kartoffeln auch ohne weiteres durch Süßkartoffeln ersetzen.

Süßkartoffel-Kürbis-Gemüse

Die besondere Note. Falls Sie keine Süßkartoffeln bekommen können, tun es natürlich auch normale Kartoffeln. Doch gerade der leicht süßliche Geschmack der Süßkartoffeln verleiht diesem Gericht seine typische Geschmacksnuance.

Für 4 – 6 Personen

1 kg Kürbis (ideale Sorte: »Süße Kartoffel«)
1 – 2 kleine, frische grüne Chilis
650 g Süßkartoffeln
3 EL Olivenöl
2½ TL Kreuzkümmel
2 EL frisch geriebener Ingwer
1½ TL Kurkuma
etwa 150 ml Wasser
2 TL Koriandersamen bzw. gemahlener Koriander
1½ TL Meersalz
Saft einer Zitrone
4 – 5 EL gehackte frische Korianderblätter oder Kräuter nach Wahl

So wird's gemacht:

1) Kürbis waschen, schälen, entkernen und würfeln. Chilis entkernen und klein schneiden. Süßkartoffeln waschen, schälen und in dünne Scheiben schneiden.
2) In einem Wok oder einem großen, flachen Topf Öl erhitzen. Kreuzkümmel wenige Sekunden goldbraun rösten, anschließend gleich Ingwer und Chili dazugeben. Einige Sekunden später die Süßkartoffeln unter ständigem Rühren anrösten, bis sie eine leicht goldbraune Farbe annehmen. Nun auch noch den Kürbis und das Kurkuma hinzufügen. Weitere 5 – 10 Minuten anbraten und dabei ab und zu umrühren. Wenn das Gemüse ansetzt, etwa 150 ml Wasser dazugeben und zugedeckt auf kleiner Flamme weiter köcheln lassen. (Die Wassermenge richtet sich nach der Kürbissorte und danach, wie flüssig Sie Ihr Gemüsegericht wünschen.) Dabei immer wieder umrühren, damit nichts anbrennt.
3) In der Zwischenzeit Koriandersamen trocken rösten und im Mörser fein mahlen.
4) Wenn das Gemüse gar ist, gemahlenen Koriander, Salz, Zitronensaft und Kräuter unter das Gemüse heben und servieren.

Tipp: Wer möchte, kann dieses Gericht noch mit etwas saurer Sahne oder Mandelmus verfeinern.
Und wer die nussig-süßlich schmeckende Kürbissorte »Süße Kartoffel« selbst ziehen will, findet im Anhang Bezugsquellen für Saatgut (s. Seite 214).

Kürbis-Paprika-Gemüse mit Mungsprossen

Die Powerbohne. Mungsprossen verleihen dieser schnellen Gemüsepfanne einen Hauch Exotik. Darüber hinaus sind Mungbohnen auch ein großzügiger Lieferant von wertvollem Eiweiß, Vitaminen und Mineralstoffen – alles lecker verpackt, versteht sich.

Für 4 – 5 Personen

200 g Mungsprossen (aus 40 – 50 g Mungbohnen; siehe Tipp)
450 g Paprika (je 1 rote, gelbe und grüne)
800 g Kürbis
3 EL Olivenöl
1½ TL Kreuzkümmel
1 gehäufter EL frisch geriebener Ingwer
1 TL Kurkuma
½ TL Paprikapulver
3 – 4 EL saure Sahne (vegan: 2 EL Sojasauce)
1 TL Meersalz
¾ TL frisch gemahlener weißer Pfeffer
4 EL gehackte frische Petersilie

So wird's gemacht:

1) Mungsprossen in einem Sieb unter fließendem Wasser spülen und abtropfen lassen.
2) Paprika waschen und in kleine Würfel schneiden. Kürbis waschen, schälen, entkernen und ebenfalls in kleine Würfel schneiden.
3) In einem großen Topf Olivenöl erhitzen, Kreuzkümmel darin goldbraun rösten und dann Ingwer, Kurkuma und Paprikapulver hinzufügen. Nach einigen Sekunden die Paprikawürfel 2 – 3 Minuten anbraten. Kürbis dazugeben und weitere 4 – 5 Minuten rösten. Dabei öfters umrühren. Die Mungsprossen und eventuell einige EL Wasser dazugeben. Das Gemüse zugedeckt etwa 15 Minuten köcheln lassen, bis der Kürbis gar ist.
4) Mit saurer Sahne bzw. Sojasauce, Salz, Pfeffer und der gehackten Petersilie abrunden.

Tipp: Servieren Sie Reis oder Hirse zu diesem Gericht.

Ein Tipp für alle, die Paprika nicht so gut vertragen:

Rösten Sie die ganze Paprika so lange über einer offenen Gasflamme bzw. im Backofen, bis die Haut rundherum schwarz und blättrig ist. Schaben Sie die Haut mit einem Messer ab und schneiden Sie die Paprika dann in kleine Würfelchen, die Sie 5 – 10 Minuten vor Ende der Kochzeit dem Gemüse zugeben.

Tipp: Mungbohnen keimen

1) 40 – 50 g grüne Mungbohnen über Nacht in Wasser einweichen.
2) Bohnen in eine Keimbox oder ein Sprossenglas geben und ein bis zweimal täglich unter fließendem Wasser spülen.
3) Nach 5 – 6 Tagen Sprossen in eine Schüssel mit lauwarmem Wasser geben, umrühren und die oben schwimmenden Schalen abfischen.

Kürbis-Karotten-Gemüse in Kokoscreme

Die Freude am gesunden Genießen. Kürbisgerichte begeistern nicht nur mit ihren Aromen, sondern auch wegen ihrer Vielseitigkeit. Und noch viel mehr: Kürbis und Karotten verleihen durch den Gehalt an Beta-Carotin auch einem angeschlagenen Immunsystem wieder Kraft.

Für 4 – 6 Personen

550 g Kürbis
500 g Karotten
350 g Blumenkohl
2 EL Butter bzw. Olivenöl
1½ EL frisch geriebener Ingwer
2 TL gemahlener Koriander
1 TL Kurkuma

Für die Kokoscreme:
1 – 2 EL Butter bzw. Olivenöl
1 EL Maisstärke oder Weizenmehl
4 gehäufte EL Kokosraspel
½ TL Muskat
½ Zimtstange bzw. ½ TL Zimtpulver
2 EL Vollrohrzucker oder Ahornsirup
100 ml Wasser
150 ml Sahne (vegan: Kokosmilch)
3 – 4 EL frisch gehackte Korianderblätter bzw. Petersilie
½ TL Cayennepfeffer oder frisch gemahlener schwarzer Pfeffer
1 TL Meersalz

So wird's gemacht:

1) Gemüse waschen. Kürbis schälen, Kerne entfernen und das Fruchtfleisch in dünne längliche Stifte schneiden. Karotten ebenfalls in dünne Stifte und Blumenkohl in kleine Röschen schneiden.
2) Olivenöl in einem großen Topf erhitzen. Ingwer, Koriander und Kurkuma darin für wenige Sekunden rösten, sofort die Karotten dazugeben und für 4 – 5 Minuten anbraten. Nun den Kürbis und nach weiteren 3 – 4 Minuten auch den Blumenkohl dazugeben. Dabei

ab und zu umrühren, damit nichts anbrennt. Eventuell noch eine Tasse Wasser (etwa 150 ml) dazugeben und etwa 15 Minuten lang abgedeckt auf mittlerer Flamme köcheln lassen, bis das Gemüse gar ist.

3) Für die Kokoscreme in einem Topf Butter bzw. Olivenöl erhitzen. Darin Maisstärke bzw. Mehl mit Kokosraspel, Muskat und Zimt goldbraun rösten. Achten Sie darauf, dass die Flamme nicht zu stark ist, damit die Kokosflocken nicht anbrennen. Anschließend Vollrohrzucker bzw. Ahornsirup dazugeben. Sobald der Zucker karamellisiert, mit Wasser und Sahne bzw. Kokosmilch aufgießen und die Sauce 2 – 3 Minuten köcheln lassen. Zum Abschluss gehackte frische Kräuter, Pfeffer und Salz dazugeben.
4) Das Gemüse unter die Sauce heben und heiß servieren.

Tipp: Duftender Basmatireis ist die delikate Ergänzung zu diesem milden Gemüsegericht.

Gemüse-Potpourri

Reise nach Bengalen. Schon für sich alleine ist Kürbis ein perfekter Verwandlungskünstler, spätestens aber mit Panch Puran, der bengalischen Gewürzmischung, führt er Sie auf eine neue kulinarische Geschmacksreise. Probieren Sie selbst!

Für 6 Personen

400 g Weißkohl
500 g Kürbis
1 kleiner Rettich (500 g)
3 EL Butter bzw. Sonnenblumenöl
4 TL Panch Puran (ganze Samen, siehe Tipp)
1 – 2 EL frisch geriebener Ingwer
½ TL Kurkuma
½ TL Asafoetida (kann entfallen)
250 g Aubergine
1 TL Meersalz
2 – 3 EL frisch gehackte Korianderblätter oder Dill

So wird's gemacht:

1) Gemüse waschen. Kohl in sehr feine, dünne Streifen schneiden. Kürbis schälen, entkernen und würfeln. Rettich in dünne Scheiben schneiden bzw. raspeln.
2) Butter bzw. Sonnenblumenöl in einem großen Topf erhitzen, Panch Puran einige Sekunden darin rösten und Kohl, Ingwer, Kurkuma und eventuell Asafoetida anbraten. Nach einigen Minuten Kürbis und Rettich dazugeben. Gut umrühren, damit nichts anbrennt. Aubergine über einer offenen Flamme rösten, bis sie rundherum schwarz ist, Haut entfernen, das Fruchtfleisch in Würfel schneiden und dazugeben.
3) Mit Deckel abgedeckt auf mittlerer Flamme etwa 15 – 20 Minuten lang gar köcheln. Zwischendurch immer wieder umrühren und eventuell etwas Wasser dazugeben, damit nichts anbrennt.
4) Vor dem Servieren Salz unterheben und mit frischen Korianderblättern oder Dill bestreuen.

Tipp: Panch Puran ist eine bengalische Gewürzmischung aus fünf verschiedenen Bestandteilen. Es lässt sich ganz leicht auch selbst zusammenstellen: Mischen Sie dazu einfach drei Teile Kreuzkümmel, drei Teile schwarze Senfsamen, drei Teile Fenchel- bzw. Anissamen, zwei Teile Schwarzkümmel und ein Teil Bockshornkleesamen in einem Schraubglas. Fertig!

Tipp: Dazu noch Basmatireis, mit dem Saft einer halben Zitrone beträufelt, und Sie haben ein Gericht, das auf der Zunge zergeht!

Spaghettikürbis mit Kürbis-Pesto

Das Nudelgemüse. Beim Spaghettikürbis hat sich der liebe Gott etwas ganz Besonderes einfallen lassen. Denn richtig zubereitet kann man dieses Gemüse wie Spaghetti essen. An Stelle des Kürbis-Pesto eignet sich auch Kürbiskern-Kräuterbutter (s. Seite 170) oder eine Sauce nach Wahl.

Für 2 – 4 Personen (als Hauptgericht oder Beilage)

1 mittelgroßer Spaghettikürbis (Bruttogewicht etwa 1,2 kg)
Meersalz

Für das Pesto:
50 g grüne Kürbiskerne
100 g frisches Basilikum
50 g Rucola
1½ EL frisch geriebener Ingwer
8 – 10 EL kalt gepresstes Olivenöl
½ – 1 TL frisch gemahlener schwarzer Pfeffer

So wird's gemacht:

1) Spaghettikürbis waschen und mit der Gabel um den Stielansatz herum einstechen, damit beim Kochen Dampf entweichen kann. Den ganzen Kürbis in einem ausreichend großen Topf mit genügend Wasser 30 – 40 Minuten zugedeckt kochen.
2) In der Zwischenzeit das Kürbis-Pesto herstellen (siehe Seite 171).
3) Kürbis der Länge nach halbieren und Kerne entfernen. Das Fruchtfleisch mit einem Löffel herausschaben und mit einer Gabel auflockern. Mit etwas Salz bestreuen.
4) Die Kürbis-Spaghetti mit dem Kürbis-Pesto servieren.

Tipp: Die gekochten Kürbisschalenhälften sind recht stabil und machen sich gut als zwei ausgefallene Essteller, z. B. können Sie darin den Salat servieren.
Absoluten Pasta-Fans steht es natürlich frei, zu Spaghettikürbis auch noch Spaghetti mit Tomatensauce zu reichen.

Kürbis mit Bockshornkleesamen

Einfach, lecker und gesund. Bockshornkleesamen schätzt man in der indischen Küche schon seit vielen Jahrtausenden – auch für Kürbisgerichte. Bei uns ist er noch relativ unbekannt, obwohl er schon unter Karl dem Großen in unsere Breitengrade gelangte. Aber erst Pfarrer Kneipp ist es zu verdanken, dass Bockshornkleesamen so richtig Einlass in die heimische Küche und Naturmedizin gefunden haben.

Für 4 Personen

1,3 kg Kürbis
1 EL Butter bzw. Olivenöl
¾ TL Bockshornkleesamen
½ TL Kurkuma
½ TL Cayennepfeffer
1 EL Vollrohrzucker
¼ TL frisch gemahlener schwarzer Pfeffer
1 TL Meersalz

So wird's gemacht:

1) Kürbis schälen, waschen, entkernen und in Würfel schneiden.
2) Butter bzw. Olivenöl in einem Topf erhitzen und Bockshornkleesamen 2 – 4 Sekunden darin anrösten (nicht viel länger, da er sonst bitter wird). Nun Kürbiswürfel, Kurkuma und Cayennepfeffer dazugeben und unter Rühren etwa 5 Minuten anbraten. Eventuell noch 2 – 3 EL Wasser dazugeben, um ein Anbrennen zu verhindern. Zugedeckt auf mittlerer Flamme für etwa 10 Minuten köcheln lassen, bis der Kürbis gar ist.
3) Zum Abschluss noch Vollrohrzucker, Pfeffer und Salz dazugeben.

Tipp: Besonders lecker schmeckt Gewürzreis und Tomatenchutney dazu.

Flaschenkürbis mit Frischkäse und Erbsen

Flaschenkürbis, Louki, Bottle Gourd ... Unzählige Namen für das gleiche Gemüse – ein Zeichen für die große Popularität des Flaschenkürbis. Man kennt ihn sowohl in Mexiko als auch in Afrika, in Indien und im Mittleren Osten. Sollten Sie keinen Flaschenkürbis bekommen, tun es auch Zucchini. Halten Sie aber ruhig mal in indischen oder türkischen Gemüsegeschäften nach dem hellgrünen Flaschenkürbis Ausschau (er sieht aus wie eine große, hellgrüne Zucchini).

Für 4 Personen

Für den Frischkäse:
1,5 l Milch
Saft einer Zitrone
(oder 200 g Feta)

Für das Gemüse:
200 g frische Erbsen (500 g Bruttogewicht)
300 g Süßkartoffeln
100 g Karotten
400 g Flaschenkürbis (falls nicht erhältlich: Zucchini)
1 EL Olivenöl
1 TL Kreuzkümmel
2 TL frisch geriebener Ingwer
½ TL Kurkuma
1 TL Fenchelsamen
1 TL Koriandersamen
125 – 200 ml Wasser oder Molke
50 – 100 g Joghurt
2 – 3 EL Kichererbsenmehl
1 Prise Muskat
½ – ¾ TL frisch gemahlener schwarzer Pfeffer
1 TL Meersalz

So wird's gemacht:

1) Selbst gemachten Frischkäse herstellen und pressen (z. B. am Vorabend; genaue Anleitung s. Seite 43).
2) Frische Erbsen schälen, waschen und 4 – 5 Minuten dünsten. Süßkartoffeln waschen, schälen und in kleine Würfel schneiden. Karotten waschen und in feine Stifte schneiden. Flaschenkürbis waschen, schälen und in kleine Würfel schneiden. (Zucchini müssen nicht geschält werden.)
3) In einem großen Topf Olivenöl erhitzen und Kreuzkümmel sowie Ingwer rösten. Nun die Süßkartoffeln und Karottenstifte dazugeben und gut umrühren, damit nichts anbrennt. Nach wenigen Minuten den Flaschenkürbis, die frischen Erbsen und Kurkuma ebenfalls hinzugeben. Je nach Bedarf mit etwas Wasser bzw. Molke ablöschen und zugedeckt gar kochen lassen.
4) Fenchel- und Koriandersamen in einem kleinen Topf bzw. in einer Schöpfkelle über einer Gasflamme trocken rösten, dabei etwas umrühren, damit die Samen gleichmäßig anbräunen. Die Gewürze in einem Mörser oder mit dem Stiel eines Nudelholzes zerstoßen und unter das Gemüse heben. Zwischendurch immer wieder umrühren.
5) Joghurt mit Kichererbsenmehl, Muskat, schwarzem Pfeffer und Salz verrühren, unter das Gemüse heben und kurz aufkochen lassen.
6) Frischkäse bzw. Feta in Würfel schneiden und vor dem Servieren unterheben.

Tipp: Geerntet wird der Flaschenkürbis, wenn er noch klein ist (15 – 20 cm). Dann ist er knackig-fest, kernlos und besitzt eine zarte Haut, die nicht geschält werden muss. Bei älteren Exemplaren (30 – 35 cm lang) müssen die etwas festere Haut und je nach Größe auch die Kerne entfernt werden. Geschmacklich sind diese ebenso reizvoll wie die kleineren Zucchini.

Tipp: Zu diesem Gericht sind Kürbis-Kartoffel-Rösti (Seite 140) oder Hirse mit Kürbis (Seite 136) besonders lecker.

Süß-saures Kürbisgemüse mit Ananas

Der Hit. Wenn Sie mal was ganz besonderes für Gäste oder für Ihre Familie kochen wollen, empfehlen wir Ihnen dieses exotische Rezept, das am besten mit dem Kürbis Chayote bzw. Chou-Chou schmeckt. Und wer Zeit sparen will, kann den Frischkäse schon am Vorabend entweder zubereiten oder fertigen Feta bzw. Tofu verwenden.

Für 4 – 6 Personen

Für den Frischkäse:
2 – 3 l Milch
Saft von 1 – 2 Zitronen
(oder 200 g Feta bzw. Tofu)

Für das Gemüse:
50 g Tamarinde bzw. 1½ TL Tamarindenextrakt
(oder 2 EL Zitronensaft) (siehe auch Seite 37)
1 reife Ananas (oder 1 Dose Ananas mit 560 g Nettogewicht)
200 g rote oder gelbe Paprika
700 g Kürbis (ideal: Chayote)
250 g Karotten
200 g Bambussprossen (aus der Dose)
200 g Süßkartoffeln oder Kartoffeln
1 kleine frische grüne Chili (oder 1 kleine getrocknete rote Chili)
2 EL Olivenöl
2 TL Kreuzkümmel
2 EL frisch geriebener Ingwer
½ TL Asafoetida (kann entfallen)
1 TL Kurkuma
300 ml Molke (vom Frischkäse) bzw. Ananassaft
3 EL Vollrohrzucker
2 TL gemahlener Koriander
etwa 100 g Butterschmalz bzw. Sonnenblumenöl zum Frittieren
250 ml Molke von der Frischkäseherstellung
1 TL frisch gemahlener schwarzer Pfeffer
2 TL Meersalz
1 TL Zimt
3 – 4 EL frisch gehackte Korianderblätter

So wird's gemacht:

1) Gepressten Frischkäse herstellen (z. B. am Vorabend; genaue Anleitung s. Seite 43). Anfallende Molke auffangen. Oder Tofu bzw. Feta in Würfel schneiden.
2) Falls Sie getrocknete Tamarinde verwenden, wie im Tipp auf Seite 37 beschrieben zubereiten. Ananas waschen und den Stiel entfernen. Ananas der Länge nach in vier Teile schneiden, jeweils den Mittelstrunk (er ist essbar und sogar sehr nahrhaft) sowie die Schale entfernen. Ananas in kleine Würfel schneiden bzw. Ananasstücke aus der Dose abtropfen lassen.
3) Gemüse waschen. Paprika und geschälten Kürbis in Würfel, Karotten und Bambussprossen in feine Stifte und geschälte Süßkartoffeln bzw. Kartoffeln in dünne Scheiben schneiden. Frische Chili fein hacken bzw. getrocknete Chili fein zerbröseln.
4) Olivenöl in einem großen Topf erhitzen, Kreuzkümmel darin goldbraun rösten und wenige Sekunden später Ingwer, Chili, Asafoetida und Kurkuma dazugeben. Mit Molke bzw. Ananassaft ablöschen und Vollrohrzucker, Tamarinde, Ananasstücke, Karotten, Kartoffeln, Kürbis, Paprika (eventuell Tofu) und Koriander hinzufügen. Das Ganze etwa 15 Minuten teilweise bedeckt kochen und etwas eindicken lassen, bis das Gemüse halb gar ist. Gelegentlich umrühren.
5) Nun die Bambussprossen hinzugeben und weitere 10 – 15 Minuten zugedeckt kochen. In der Zwischenzeit Butterschmalz bzw. Sonnenblumenöl in einem Wok bzw. flachen Topf erhitzen und darin den in Würfel geschnittenen Frischkäse nacheinander zartbraun frittieren. Fertig frittierte Käsewürfel abtropfen lassen und in etwa 250 ml Molke einweichen, damit sie sich saftig-weich voll saugen. (Falls Sie Feta verwenden, diesen unfrittiert unter das fertige Gemüse heben.)
6) Zum Abschluss noch vorsichtig Pfeffer, Salz, Zimt, Korianderblätter und Käsewürfel unter das gegarte Gemüse heben.

Tipp: Basmatireis mit etwas Butter und Zitronensaft beträufelt schmeckt besonders lecker zu diesem süß-saurem Kürbisgemüse. Den Kürbis Chayote bzw. Chou-Chou bekommen Sie ebenso wie die Bambussprossen in asiatischen Lebensmittelgeschäften.

Bohnen-Kürbis-Gemüse in Currysauce

Wenn einer eine Reise tut, dann kann er was erzählen. Auf diese Weise wurde die Curry-Gewürzmischung weltberühmt – die englischen Kolonialherren haben sie seinerzeit den Indern abgeschaut. In jedem Unionsstaat des Ursprungslands verwendet man für die Currymischung etwas andere Zutaten und Gewürze.

Für 4 Personen

500 g grüne Bohnen
1 kg Kürbis

Für die Currysauce:
60 g Kichererbsenmehl (6 EL)
300 g Joghurt
600 ml Wasser (oder mehr nach Belieben)
1 – 2 frische grüne oder rote Chili
1 EL Sonnenblumenöl bzw. Butterschmalz
1½ TL schwarze Senfsamen
1 TL Kreuzkümmel
1 EL frisch geriebener Ingwer
1 TL Kurkuma
1 EL Vollrohrzucker
1 TL Meersalz
4 – 5 EL frisch gehackte Korianderblätter bzw. Petersilie

So wird's gemacht:

1) Grüne Bohnen waschen, die Enden abknipsen und die Bohnen quer halbieren. Im (Schnell-)Kochtopf dünsten, bis sie gar sind.
2) Kürbis waschen, Schale und Kerne entfernen. Kürbis in Würfel schneiden und in einem zweiten Topf mit etwas Wasser 5 – 8 Minuten dünsten, bis er gar ist.
3) In der Zwischenzeit die Sauce zubereiten: Kichererbsenmehl in eine Schüssel sieben und mit Joghurt und Wasser zu einem dünnflüssigen Teig verrühren. Chili fein hacken.
4) Sonnenblumenöl bzw. Butterschmalz in einem Topf erhitzen und darin Senfkörner (mit geschlossenem Deckel) rösten, bis sie zu springen beginnen. Den Topf kurz von der Flamme nehmen, bis sich die Senfkörner beruhigt haben. Nun Kreuzkümmel hinzufügen und kurze Zeit später auch Ingwer, Chili und Kurkuma anrösten.
5) Mit der Joghurtsauce vorsichtig ablöschen und auf mittlerer Flamme 15 Minuten köcheln lassen. Dabei immer wieder gut umrühren, damit nichts anbrennt.
6) Gegen Ende der Kochzeit das abgetropfte Gemüse zusammen mit Vollrohrzucker und Salz unter die Sauce heben und mit gehackten, frischen Korianderblättern bzw. Petersilie bestreuen.

Tipp: Dieses delikate Bohnen-Kürbis-Gemüse verlangt förmlich danach, mit Reis serviert zu werden.

Spinat-Kürbis-Gemüse mit Frischkäse

Gewusst wie. Hausgemachter Frischkäse ist das Geheimnis dieses Gerichts; er ist nicht nur unnachahmlich frisch und cremig im Geschmack, sondern auch eine der bekömmlichsten Käsesorten. Zu alledem ist er einfach und schnell selbst gemacht. Wer will, kann ihn aber auch durch Mozzarella, Feta oder Tofu ersetzen.

Für 4 Personen

Für den Frischkäse:
2 l Milch
4 EL Zitronensaft
(oder 200 g Feta, Mozzarella oder Tofu)

Für das Gemüse:
1 kg Kürbis
750 g frischer Spinat
2 EL Olivenöl
2 TL schwarze Senfsamen
2 EL frisch geriebener Ingwer
1 TL Kurkuma
1 TL frisch gemahlener schwarzer Pfeffer
½ TL Zimt
1 TL Meersalz
Öl zum Frittieren

So wird's gemacht:

1) Gepressten Frischkäse herstellen (Anleitung siehe Seite 43).
2) Kürbis waschen, schälen, entkernen und würfeln. 8 – 10 Minuten in etwas Wasser dünsten, bis er gar ist.
3) Spinat verlesen, dicke Stiele entfernen, Blätter waschen und in feine Streifen schneiden. Den gepressten Frischkäse bzw. Tofu in Würfel schneiden und in heißem Öl goldbraun frittieren. (Feta- oder Mozzarella-Käse erst am Ende unter das Gemüse heben.)

4) Olivenöl in einem Topf erhitzen und Senfsamen (zugedeckt) rösten, bis sie zu springen beginnen. Den Topf von der Flamme nehmen und warten, bis sich die Senfkörner beruhigt haben. Anschließend Ingwer und Kurkuma hinzufügen und nach wenigen Sekunden auch den Spinat darin anbraten. Dabei immer wieder gut umrühren.
5) Sobald der Spinat nach wenigen Minuten zerfallen ist, gekochten und abgetropften Kürbis, Pfeffer, Zimt und Salz sowie die Käse- bzw. Tofuwürfel hinzufügen. Das Gemüse noch einmal kurz aufkochen lassen.
6) Vor dem Servieren wenige Minuten ziehen lassen, bis sich die Käsewürfel mit Flüssigkeit vollgesogen haben und weich sind.

Tipp: Verfeinern Sie dieses Gericht auch einmal mit etwas saurer Sahne. Besonders gut schmecken dazu Vollkorn-Basmatireis oder Kürbis-Kartoffel-Kroketten mit Kokos (Seite 134).

Kürbis-Erbsen-Gemüse in Sahnesauce

»Grüne Perle« nannte man die Erbse in der Antike. Heute weiß man warum, denn Erbsen enthalten nicht nur wertvolle Vitamine, sondern auch die wichtigsten Mineralien. Kombiniert mit Kürbis und der Curry-Sahne-Sauce sind sie nahezu unwiderstehlich.

Für 4 Personen

1 kg Kürbis
150 g frische grüne Erbsen (Bruttogewicht etwa 350 g)
2 EL Butter
30 g gesiebtes Vollkornmehl bzw. Maismehl
2½ EL Curry
750 ml (Gemüse-Koch-)Wasser
200 ml Sahne
1 TL Meersalz
1½ TL frisch gemahlener schwarzer Pfeffer
¼ – ½ TL Muskat

So wird's gemacht:

1) Kürbis waschen, schälen, entkernen, in Würfel schneiden und in einem Topf mit etwas Wasser 5 – 10 Minuten gar dünsten (je nach Kürbissorte und Würfelgröße).
2) Frische Erbsen schälen und in einem kleinen Topf mit etwas Wasser ebenfalls gar dünsten.
3) In der Zwischenzeit die Curry-Sahne-Sauce zubereiten: Butter in einem Topf schmelzen, Mehl für wenige Minuten unter ständigem Rühren darin goldbraun rösten. Nun Curry hinzufügen und nach einigen Sekunden vorsichtig mit (Gemüse-Koch-)Wasser und Sahne ablöschen. Dabei ständig rühren. (Vorsicht, es kann spritzen!)
4) Die Sauce für etwa 5 Minuten auf kleiner Flamme köcheln lassen und dann das abgetropfte Gemüse hinzufügen.
5) Mit Salz, Pfeffer und Muskat würzen und heiß servieren.

Tipp: Besonders gut passen dazu Salzkartoffeln, Basmatireis oder Pfannkuchen, die Sie mit dem Gemüse füllen.

Papaya-Kürbis-Gemüse

Gewusst wie! Wirklich reife Papayas bekommt man ja bei uns selten. Warum also nicht aus der Not eine Tugend machen und auf ein traditionell indisches Rezept zurückgreifen, für das man gerade die grüne, unreife Papaya braucht?
Ein mildes Gemüsegericht für alle Fans der exotischen Küche.

Für 3 – 4 Personen

1 unreife, grüne Papaya (etwa 300 g)
1 kg Kürbis
1 TL Kurkuma
1½ EL frisch geriebener Ingwer
1½ TL Kreuzkümmel
¾ TL Bockshornkleesamen
1 TL Meersalz
1 TL frisch gemahlener schwarzer Pfeffer
2 EL Olivenöl

So wird's gemacht:

1) Papaya waschen, halbieren, entkernen, schälen und in Würfel schneiden. Kürbis waschen, schälen, entkernen und würfeln.
2) Gemüse mit etwas Wasser, Kurkuma und Ingwer 10 – 15 Minuten kochen, bis es gar ist. (Im Schnellkochtopf 7 – 10 Minuten.)
3) In der Zwischenzeit Kreuzkümmel und Bockshornkleesamen in einer kleinen Pfanne ohne Fett goldbraun rösten. (Beachten Sie, dass zu stark geröstete Bockshornkleesamen bitter schmecken!) Gewürze in einem Mörser oder einer Kaffeemühle fein mahlen.
4) Noch die gemahlenen Gewürze zusammen mit Salz, Pfeffer und Olivenöl unter das Gemüse heben und fertig!

Tipp: Servieren Sie dazu Reis, Hirse oder Fladenbrot wie Chapatis oder Focaccia mit Kürbis (Seite 114).

Schlemmergemüse in Tomatensauce

Man soll die Feste feiern, wie sie fallen, heißt es. Mit diesem Schlemmergemüse ist dies kein Problem. Und wenn es ganz festlich sein soll, können Sie noch kleine Frischkäsewürfel unter das Gemüse heben.

Für 3 – 4 Personen

600 g Flaschenkürbis (ersatzweise Zucchini)
300 g Kartoffeln
500 g Blumenkohl
Sonnenblumenöl zum Frittieren

Für die Sauce:
500 g Tomaten
1 – 2 kleine, frische grüne Chilis
1 EL Olivenöl
1½ TL Kreuzkümmel
¾ TL Kurkuma
1 – 2 TL gemahlener Koriander
150 ml Wasser
1 TL Meersalz

So wird's gemacht:

1) Gemüse waschen. Flaschenkürbis schälen und würfeln (Zucchini nicht schälen). Kartoffeln schälen und in dünne Scheiben schneiden. Blumenkohl in kleine Röschen schneiden. Chilis waschen, entkernen und klein schneiden.
2) Tomaten kreuzweise einschneiden und etwa 1 Minute in kochend heißem Wasser blanchieren. Anschließend enthäuten und klein schneiden.
3) Gemüse in einem Topf oder einem Wok mit Öl nach und nach frittieren und anschließend in einem Sieb abtropfen lassen.

4) In einem zweiten großen Topf 1 EL Öl erhitzen, Kreuzkümmel darin goldbraun rösten, dann Chili, Kurkuma und Koriander hinzufügen und nach wenigen Sekunden die Tomaten dazugeben. Nach etwa 5 Minuten 150 ml Wasser hinzufügen und auf mittlerer Flamme köcheln lassen, bis die Sauce etwas eingedickt ist.
5) Das frittierte Gemüse (und falls erwünscht Frischkäsewürfel) und Salz hinzufügen und alles noch einmal aufkochen lassen. Heiß servieren.

Tipp: Servieren Sie zu diesem Gericht einfachen Basmatireis und auch Salat.
Falls Ihnen das frittierte Gemüse zu reichhaltig sein sollte, frittieren Sie einfach nur einen Teil davon und geben den Rest, wie z. B. den Blumenkohl, gedünstet der Tomatensauce zu.

Steckrüben in Kürbispüree

Altbekannt und neuentdeckt. Regional trägt die Steckrübe die unterschiedlichsten Namen wie Kohlrübe, Wrunke, Schmalzrübe, Bodenkohlrabi oder auch Erdrübe. Ein Zeichen, dass man sie in der Küche schon lange kennt. Sie ist eine der ältesten Feldfrüchte Europas und in jüngster Zeit unter Gemüsekennern zu einem Geheimtipp avanciert.

Für 4 – 5 Personen

1 kg Steckrüben
400 g Kürbis
200 g Karotten
150 g saure Sahne (vegan: 100 ml Sojadrink)
1 – 2 EL Butter bzw. Olivenöl
½ TL frisch geriebene Muskatnuss
1 TL frisch gemahlener schwarzer Pfeffer
1½ TL Meersalz
1 – 2 EL frisch gehackte Petersilie bzw. Basilikum

So wird's gemacht:

1) Gemüse waschen, schälen und in gleich große Würfel bzw. Scheiben schneiden.
2) Gemüse in einem Topf mit etwas Wasser 15 – 20 Minuten weich kochen. (Im Schnellkochtopf geht dies entsprechend schneller.) Die Steckrüben sollen dabei noch etwas »Biss« haben, sonst schmecken sie fade.
3) Mit dem Pürierstab oder dem Mixer eine Hälfte des Gemüses pürieren. Saure Sahne (bzw. Sojadrink), Butter bzw. Olivenöl und Gewürze dazugeben und mit gehackter frischer Petersilie bzw. Basilikum bestreuen.

Tipp: Petersilienkartoffeln oder Rösti schmecken zu diesen Steckrüben besonders lecker.

Als Vorspeise viel zu schade – Suppen & Eintöpfe

Kürbiscreme-Suppe mit gerösteten Kürbiskernen

Einfach, mild, cremig und Kürbis – da ist sie, unsere Lieblingssuppe. Der gelbe Halbzentner wird in Deutschlands Küchen langsam aber sicher wieder populär. Es muss ja auch nicht gleich ein ganzer Kürbis sein, heute kann man ihn schon stückchenweise kaufen.

Für 6 – 8 Personen

300 g Kartoffeln bzw. Süßkartoffeln
1,5 kg Kürbis (z. B. Gelber Zentner oder Muskatkürbis)
1 ¼ l Wasser
1 gehäufter TL gemahlener Koriander
½ TL Kurkuma
2 – 3 Lorbeerblätter
100 ml Sahne (vegan: Reismilch)
½ – ¾ TL geriebene Muskatnuss
¾ – 1 TL frisch gemahlener schwarzer oder weißer Pfeffer
1½ – 2 TL Meersalz
2 TL getrockneter oder 1 – 2 EL frischer Thymian
eventuell 1 – 2 EL Butter bzw. Olivenöl
1 TL Sonnenblumenöl
50 g geröstete grüne Kürbiskerne
1 Prise Meersalz

So wird's gemacht:

1) Kartoffeln und Kürbis schälen, Kürbis entkernen, beides waschen und in kleine Würfel schneiden.
2) In einem großen Topf Gemüse mit Wasser, Koriander, Kurkuma und Lorbeerblättern etwa 30 Minuten kochen, bis das Gemüse gar ist. Dann Lorbeerblätter entfernen und Gemüse in einem Mixer bzw. mit dem Pürierstab pürieren.
3) Sahne, Muskat, Pfeffer, Salz, Thymian und eventuell Butter bzw. Olivenöl unterrühren und noch einmal kurz aufkochen lassen.
4) 1 TL Sonnenblumenöl in einer Pfanne erhitzen und grüne Kürbiskerne goldbraun rösten. Mit Salz bestreuen.
5) Suppe heiß servieren und mit Kürbiskernen bestreuen.

Tipp: Kürbiscreme-Suppe macht sich gut als Vorspeise oder als leichte Hauptmahlzeit mit italienischem Focaccia mit Kürbis (s. Seite 114).

Variation: Kürbiscreme-Suppe mit Aprikosen

Probieren Sie diese Suppe auch einmal mit 6 getrockneten und in feine Streifen geschnittenen Aprikosen, die Sie 5 Minuten vor Ende der Kochzeit hinzufügen.

Kürbis-Orangen-Suppe

Geheimtipp für Gourmets – vor allem, wenn Sie diese Suppe mit Orangencroutons reichen. Bestreichen Sie dazu getoastetes Brot mit Orangenbutter und schneiden Sie es diagonal in Dreiecke. Wie Sie Orangenbutter machen, lesen Sie am besten gleich hier unten.

Für 4 – 6 Personen

1 kg Kürbis (z. B. Potimarron)
2 EL Butter bzw. Sonnenblumenöl
2 – 3 TL Curry
750 ml Wasser bzw. Gemüsebrühe
Saft von 3 Orangen (etwa 300 ml)
200 g saure Sahne (vegan: Sojadrink)
1 TL Meersalz
½ TL frisch gemahlener weißer Pfeffer
4 – 5 EL frisch gehacktes Basilikum

So wird's gemacht:

1) Kürbis waschen, schälen, entkernen und klein würfeln.
2) Butter bzw. Öl in einem großen Topf erhitzen, Curry für einige Sekunden anrösten und sofort die Kürbiswürfel dazugeben. Nochmals etwa 5 Minuten rösten und dann mit Wasser bzw. Gemüsebrühe aufgießen. Kürbis 15 – 20 Minuten zugedeckt köcheln lassen.
3) Orangensaft, saure Sahne bzw. Sojadrink, Salz und Pfeffer dazugeben und alles zu einer cremigen Suppe pürieren. Mit gehacktem Basilikum bestreuen.

Orangenbutter

100 g weiche Butter (vegan: Pflanzenmargarine)
abgeriebene Schale einer unbehandelten Orange
1 – 2 TL Orangensaft
1 TL frisch geriebener Ingwer
Meersalz und frisch gemahlener schwarzer Pfeffer nach Belieben
1 EL fein gehackte Kürbiskerne

Alle Zutaten für die Orangenbutter gut mischen und kalt stellen.

Pikante Kürbissuppe mit Rettich

Wer's gern pikant mag, liegt bei dieser Suppe genau richtig. Die gehackten und gebratenen Rettichblätter geben diesem Gericht den letzten Pfiff. Noch frische Laugenbrezeln oder Kürbiskernbrötchen (s. Seite 126) dazu, und Sie haben eine leichte Mahlzeit für alle Gelegenheiten.

Für 3 – 4 Personen

1 kg Kürbis
200 g Kartoffeln
150 g Rettich
1 EL Olivenöl
1½ TL Schwarzkümmel
1½ EL frisch geriebener Ingwer
1½ TL Kurkuma
1 TL Meersalz
1½ TL frisch gemahlener schwarzer Pfeffer
4 EL fein gehackte Rettichblätter
1 EL Olivenöl

So wird's gemacht:

1) Kürbis waschen, schälen, entkernen und würfeln. In einem Topf mit Wasser gar dünsten.
2) Kartoffeln waschen, schälen und in sehr dünne Scheibchen schneiden bzw. raspeln. Rettich waschen und raspeln.
3) Öl in einer Pfanne erhitzen, Schwarzkümmel anrösten, nach wenigen Sekunden Ingwer und etwas später Kurkuma hinzufügen. Nun die Kartoffeln anbraten, bis sie eine leichte Tönung annehmen. Anschließend die Rettichraspel hinzufügen und das Ganze so lange rösten, bis die Kartoffeln und der Rettich weich sind.
4) In der Zwischenzeit Kürbis pürieren und falls erwünscht noch etwas Wasser hinzufügen. Nun die Kartoffel-Rettich-Mischung in das Kürbispüree geben, mit Salz und Pfeffer würzen und noch einmal aufkochen lassen.
5) Zum Abschluss die gehackten Rettichblätter in 1 EL Öl anbraten und über die Suppe streuen.

Kürbissuppe mit gelbem Mung Dal

In aller Munde. Die Mungbohne gehört neben Reis zu den populärsten Grundnahrungsmitteln Asiens. Nicht ohne Grund, denn Mung Dal ist nicht nur ein großzügiger Lieferant von wertvollem Eiweiß und Fett, sondern auch von Mineralstoffen. Und mit seinem recht hohen Lecithingehalt bringt er auch unsere kleinen grauen Zellen auf Trab.

Für 4 Personen

100 g gelber Mung Dal
500 g Kürbis (z. B. Muskatkürbis, grüner Hokkaido)
2 EL Olivenöl
2 TL frisch geriebener Ingwer
½ TL Asafoetida (kann entfallen)
1 Lorbeerblatt
1 TL gemahlener Koriander
1 TL Bockshornkleesamen
½ TL Kurkuma
1,2 l Wasser
1 – 1½ TL Meersalz
½ TL grüner Pfeffer
1 EL Vollrohrzucker
2 – 3 EL frisch gehackte Korianderblätter (oder Kräuter nach Wahl)
½ TL Mangopulver (falls vorhanden)
2 – 3 EL Zitronensaft oder ½ TL Tamarindenextrakt

So wird's gemacht:

1) Mung Dal verlesen, waschen und wenn möglich über Nacht in Wasser einweichen. Dal anschließend in einem feinen Sieb unter fließendem Wasser waschen und abtropfen lassen.
2) Kürbis waschen, schälen, entkernen und in kleine Würfel schneiden.
3) In einem 3-l-Topf Öl erhitzen, Ingwer, eventuell Asafoetida, Lorbeer, Koriander, Bockshornkleesamen und Kurkuma wenige Sekunden anrösten. Kürbis darin anbraten und nach wenigen Minuten Mung Dal dazugeben. Mit 1,2 l Wasser auffüllen und etwa 45 Minuten kochen, bis Dal und Kürbis weich sind. (Im Schnellkochtopf brauchen Sie weniger Wasser und die Kochzeit beträgt nur 25 – 30 Minuten. Das restliche heiße Wasser dann nach dem Kochen hinzufügen.)
4) Lorbeerblatt entfernen. Salz, Pfeffer, Vollrohrzucker, Kräuter, Mangopulver und Zitronensaft bzw. Tamarindenextrakt hineinrühren.

Tipp: Wer es gerne cremig hat, püriert die Suppe einfach im Mixer oder mit einem Pürierstab (vorher das Lorbeerblatt entfernen).
Mung Dal bekommen Sie übrigens in indischen und asiatischen Lebensmittelgeschäften oder beim Gewürzversand (Adressen s. Seite 214).

Grüne Flaschenkürbis-Suppe

Nach Lust und Laune. Bringen Sie von Ihrem nächsten Spaziergang doch mal ein paar Wildkräuter für diese Suppe mit. Oder säen Sie Bockshornklee selbst in Ihrem Garten oder auf der Fensterbank aus. Bockshornkleesamen bekommen Sie im Reformhaus oder im Naturkostladen. Wenn die gekeimten Pflänzchen 12 – 15 cm hoch sind, können sie geerntet werden.

Für 4 Personen

200 g Kartoffeln
500 g Flaschenkürbis (ersatzweise Zucchini)
150 g frische Bockshornkleeblätter
(ersatzweise: frischer Spinat, Brennnessel, Gartenmelde oder andere essbare Wildkräuter nach Wahl)
1 – 2 EL Olivenöl
1 EL frisch geriebener Ingwer
1 – 2 EL Curry (Menge abhängig von Schärfe und Sorte)
¾ l Wasser
½ TL frisch geriebener Muskat
1 TL frisch gemahlener schwarzer Pfeffer
1 TL Meersalz

So wird's gemacht:

1) Kartoffeln und Flaschenkürbis waschen, schälen (Zucchini müssen nicht geschält werden) und in Würfel schneiden. Die Kürbiskerne können mit gekocht werden (ähneln im Geschmack Sonnenblumenkernen). Bockshornkleeblätter bzw. Spinat oder Wildkräuter waschen und fein hacken.
2) In einem Topf Olivenöl erhitzen und Ingwer, Curry und Kartoffeln 2 Minuten anbraten. Kürbis und ¾ l Wasser hinzufügen und die Suppe etwa 20 Minuten kochen. Nun Wildkräuter, Bockshornklee oder Spinat hinzufügen und weitere 5 Minuten kochen lassen.
3) Zum Abschluss pürieren und mit Muskat, Pfeffer und Salz würzen.

Tipp: Verfeinern Sie diese Suppe noch mit Crème fraîche oder saurer Sahne. Mit gerösteten Toastbrotwürfeln (Croutons) serviert, ergibt diese Suppe eine köstlich-leichte Mahlzeit.

Kürbis-Tomaten-Suppe mit Reis

Was lange währt, wird endlich gut. Als die Tomate mit der Entdeckung Amerikas nach Europa kam, wusste man lange nichts mit ihr anzufangen. Fast 300 Jahre kannte man sie bei uns nur als Zierpflanze. Heute jedoch könnte man sich die mediterrane Küche ohne Tomaten gar nicht mehr vorstellen. Das folgende Rezept ist ideal für ein leichtes Mittagessen.

Für 4 – 6 Personen

1 kg Kürbis (z. B. Hokkaido)
1 l Wasser
500 g Tomaten
50 g (Basmati-)Reis
2 TL gemahlener Koriander
1 TL frisch gemahlener schwarzer Pfeffer
½ TL frisch geriebener Muskat
100 ml Sahne
1½ TL Meersalz
3 EL frisch gehackte Korianderblätter bzw. Petersilie

So wird's gemacht:

1) Kürbis waschen, schälen (Hokkaido braucht nicht geschält zu werden), entkernen und klein schneiden. In einem Topf mit 1 l Wasser etwa 15 Minuten kochen. Tomaten in kochend heißem Wasser blanchieren und enthäuten. Eine halbe Tomate in kleine Stücke schneiden und die restlichen Tomaten pürieren. Kürbis ebenfalls pürieren und zusammen mit den Tomaten weitere 10 – 15 Minuten kochen.
2) In der Zwischenzeit Reis in einem kleinen Topf mit etwa 100 – 125 ml Wasser kochen.
3) Nun die Suppe mit Koriander, Pfeffer, Muskat, Sahne und Salz würzen. Eventuell etwas Wasser dazugeben und noch einmal aufkochen lassen. Zum Abschluss Reis dazugeben und mit frisch gehackten Korianderblättern bzw. Petersilie bestreuen.

Tipp: Die Suppe bekommt einen würzigeren Geschmack, wenn Sie ganze Koriandersamen in einem Topf trocken rösten und anschließend frisch mahlen.
Servieren Sie zu dieser Suppe Papadams, die berühmten hauchdünnen indischen »Riesencräcker« aus Linsenmehl. Ob in Öl frittiert, über einer Gasflamme geröstet oder kurz im Toaster oder Waffeleisen geröstet, Papadams sind in Sekundenschnelle zubereitet. Sie erhalten sie in jedem indischen und oft auch persischen bzw. asiatischen Lebensmittelgeschäft.

Kürbis-Papaya-Suppe

Die Powerfrucht. Papayas strotzen nur so vor Provitamin A, Vitamin C und etlichen Mineralstoffen. Halten Sie nur einmal in einem asiatischen Lebensmittelgeschäft oder in der Südfrüchteabteilung eines guten Supermarktes nach den reifen, gelblich-grünen Früchten Ausschau. Es lohnt sich!

Für 4 Personen

1 kg Kürbis (z. B. Muskatkürbis, Tristar)
250 ml Wasser
500 g reife Papaya
1 – 2 EL Butter bzw. Sonnenblumenöl
1 – 2 TL frisch geriebener Ingwer
1 TL Kurkuma
1 TL gemahlener Koriander
½ TL Muskat
¼ TL Cayennepfeffer
250 – 500 ml Wasser
eventuell ein Schuss Sahne bzw. Reismilch
1 – 1½ TL Meersalz
1 EL Vollrohrzucker
2 EL Kokosflocken
3 EL frisch gehackte Korianderblätter

So wird's gemacht:

1) Kürbis waschen, schälen, entkernen und in Würfel schneiden. In einem (Schnell-)Kochtopf mit 250 ml Wasser weich kochen.
2) In der Zwischenzeit die Papaya waschen, halbieren, entkernen, schälen und ebenfalls in Würfel schneiden. In einem zweiten Topf Butter bzw. Öl erhitzen, darin den Ingwer mit den Gewürzen einige Sekunden anrösten, die Papayawürfel dazugeben und unter häufigem Rühren 5 – 10 Minuten halb bedeckt köcheln lassen.
3) Kürbis pürieren und das Mus zu den Papayastückchen geben. Nach Belieben 250 – 500 ml Wasser und eventuell noch einen Schuss Sahne bzw. Reismilch hinzufügen.
4) Zum Abschluss mit Salz und Vollrohrzucker abrunden und vor dem Servieren auf Tellern mit gerösteten Kokosraspeln und Korianderblättern bestreuen.

Tipp: Probieren Sie zu dieser Suppe auch einmal frische Kürbis-Quark-Brötchen (s. Seite 116).

Kürbiscreme mit Mandelkrokant und Sahnehaube

Cremesuppe für Gourmets. Und den Augen hat diese leicht süßliche Kürbiscreme gleich in zweifacher Hinsicht etwas zu bieten: Mit ihrer Sahnehaube ist sie nicht nur schön anzuschauen; sie ist wegen der Mandeln – die reich an Carotin, Vitamin B und C sind – auch gut für Augen, Gehirn und Nerven. Nicht umsonst heißt es in der Volksheilkunde, dass Mandeln Lebenskraft schenken.

Für 4 Personen

1 kg Kürbis (z. B. Butternuss- oder Muskatkürbis)
1 l Wasser
1 EL Walnuss- oder Sonnenblumenöl
1 Lorbeerblatt
½ TL Kurkuma
50 – 100 ml Sahne oder Crème fraîche
½ – ¾ TL frisch gemahlener schwarzer Pfeffer
½ TL geriebener Muskat
1 TL Meersalz

Für das Mandelkrokant:
100 g geschälte Mandeln
75 g Roh-Rohrzucker

Für die Sahnehaube:
100 ml Sahne
etwas Zimt und Muskat zum Bestreuen

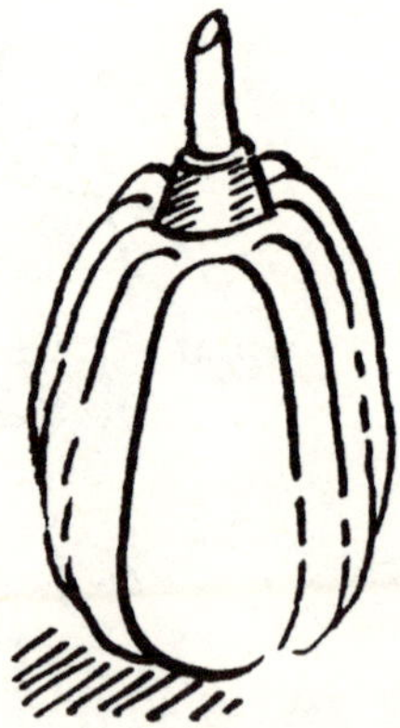

So wird's gemacht:

1) Am Vorabend (wenn möglich) Mandeln 1 Minute in kochend heißem Wasser ziehen lassen. Wenn sich die Mandelhaut mit den Fingern leicht abziehen lässt, die Mandeln mit kaltem Wasser abschrecken und häuten. Anschließend gut trocknen lassen.
2) Kürbis waschen, schälen, entkernen und in Würfel schneiden.
3) Kürbis mit Wasser, Walnuss- bzw. Sonnenblumenöl, Lorbeerblatt und Kurkuma kochen, bis er gar ist. Anschließend Lorbeerblatt entfernen und die Suppe pürieren.
4) Den Zucker in einer Anti-Haft-Pfanne bei mittlerer Hitze zum Schmelzen bringen. Mandeln hinzugeben und wenige Minuten unter ständigem Rühren karamellisieren lassen. Eventuell 1 TL Wasser hinzufügen. Die Mandeln zum Abkühlen auf ein gefettetes Tablett geben und nach dem Abkühlen fein hacken.
5) 100 ml Sahne steif schlagen und kalt stellen.
6) Die Suppe mit 50 – 100 ml Sahne bzw. Crème fraîche, Pfeffer, Muskat und Salz abrunden. Mandelkrokant (bis auf 2 EL für die Garnierung) unter die Suppe heben.
7) Die Cremesuppe in die Teller geben, jede Portion mit einem Klecks Sahne versehen und mit Mandelkrokant, Zimt und Muskat bestreuen. Sofort servieren.

Tipp: Reichen Sie dazu Toastbrot, frisches Baguette oder Kürbisstrudel (Seite 118).

Brasilianischer Eintopf (Feijao)

Die Nationalspeise Brasiliens. Ob im Norden oder im Süden des riesigen lateinamerikanischen Landes, Feijao (sprich: Feschao), der Eintopf aus den berühmten schwarzen Bohnen (auch Adzukibohnen genannt), kommt überall und fast jeden Tag auf den Esstisch. Mit dieser Variation bezaubert uns regelmäßig unsere deutsch-brasilianische Freundin Andrea.

Für 6 Personen

250 g schwarze Bohnen (Feijao)
1¾ – 2½ l Wasser
600 g Steckrüben oder Süßkartoffeln
350 g Kohlrabi mit Blättern
6 Karotten (etwa 350 g)
1 kg Kürbis
5 ganze frische Petersilienzweige
3 ganze frische Korianderzweige
2 EL Olivenöl
2 TL Kreuzkümmel
¾ TL Asafoetida
3½ TL Meersalz

So wird's gemacht:

1) Schwarze Bohnen waschen und einige Stunden oder besser über Nacht in Wasser einweichen.
2) Bohnen im Schnellkochtopf mit ¾ l Wasser 20 – 25 Minuten (bzw. in einem Topf mit 1 l Wasser 50 Minuten bis 1 Stunde) weich kochen (nicht zu weich, damit sie nicht aufplatzen).
3) In der Zwischenzeit Gemüse waschen und vorbereiten. Steckrübe und Kohlrabi schälen und klein würfeln (die Kohlrabiblätter für die Beilage aufheben). Karotten schälen und im Ganzen belassen. Kürbis schälen, entkernen und in sehr große Stücke von 100 – 150 g Gewicht schneiden. Petersilien- und Korianderzweige waschen.
4) Olivenöl in einem großen Topf erhitzen. Kreuzkümmel 30 Sekunden anrösten, dann Asafoetida hinzufügen und nach wenigen Sekunden 2 Schöpfkellen voll schwarzer Bohnen anrösten. Anschließend diese Bohnen mit einem Kartoffelstampfer zu Brei zerdrücken

und die restlichen Bohnen zusammen mit ihrem Kochwasser hinzufügen. Nun Steckrüben- und Kohlrabiwürfel, die ganzen Karotten, die Kräuter und 1 – 1½ l Wasser dazugeben und kochen. Nach 5 Minuten die Kürbisstücke hinzugeben und 15 – 20 Minuten kochen, bis die Kürbisstücke weich sind.
5) Zum Abschluss Salz hinzufügen und vor dem Servieren die Kräuterzweige herausnehmen.

Kohlrabiblätter mit Maniokmehl

In Brasilien reicht man zu Feijao traditionell Reis mit gebratenen Kohlrabiblättern und Maniokmehl.

250 g grüne Kohlrabiblätter
2 EL Butter oder Olivenöl
1 TL Asafoetida
¼ TL Cayennepfeffer (kann auch entfallen)
250 g Maniokmehl
1 TL Meersalz

So wird's gemacht:

1) Kohlrabiblätter mit den kleineren Stielen waschen und fein hacken. Butter bzw. Öl in einer Pfanne erhitzen, Asafoetida darin rösten und nach wenigen Sekunden Kohlrabiblätter und Cayennepfeffer dazugeben und 4 – 5 Minuten anrösten. Maniokmehl hinzugeben und unter ständigem Rühren 2 – 3 Minuten rösten. Zum Abschluss kommt noch Salz dazu – fertig ist die Beilage!

Tipp: Falls Sie kein Maniokmehl auftreiben können, rösten Sie in 50 g Butter (vegan: Pflanzenmargarine) 100 g Weizengrieß einige Minuten lang goldgelb an und geben Sie erst anschließend Kohlrabiblätter, Asafoetida, Cayennepfeffer und Salz dazu.
Schwarze Bohnen bekommen Sie in portugiesischen, spanischen oder asiatischen Lebensmittelgeschäften. Im Naturkostladen sind sie unter dem Namen Adzukibohnen erhältlich. Und Maniokmehl gibt es in portugiesischen oder afrikanischen Lebensmittelgeschäften.

Vollkornbasmati-Khichari

Königsreis für jedermann. Was Mungbohnen unter den Hülsenfrüchten sind, das ist der Basmatireis unter den Getreidesorten. In Khichari (sprich: *Kidschari)*, einem indischen Nationalgericht, sind beide in idealer Weise kombiniert: Das wirkt nicht nur ausgleichend und reinigend, sondern ist zudem auch leicht bekömmlich. Planen Sie auch ein, dass die Mungbohnen drei Tage zum Keimen brauchen.

Für 4 Personen

50 g grüne Mungbohnen
150 g Vollkorn-Basmatireis
1 TL Kurkuma
1 – 1,5 l Wasser
650 g gemischtes Gemüse
(z. B. Kürbis, Zucchini, Brokkoli, Karotten)
2 EL frisch geriebener Ingwer
4 – 5 EL gehackte Wildkräuter
(z. B. Brennnessel, Giersch, Gartenmelde)
bzw. Spinat oder frische Küchenkräuter
1 EL grüne Kürbiskerne
1 EL Sonnenblumenkerne
1 EL Olivenöl
1 TL schwarze Senfsamen
1½ TL Kreuzkümmel
1 TL gemahlener Koriander
1 TL frisch gemahlener schwarzer Pfeffer
1 TL Meersalz

So wird's gemacht:

1) Grüne Mungbohnen waschen und 3 Tage keimen lassen. (Genauere Anleitung s. Seite 53). Vollkorn-Basmatireis am Vorabend waschen und einweichen.
2) Die grüne Schale der Mungbohnen lässt sich ganz einfach entfernen: Mungsprossen in eine Schüssel mit Wasser geben und vorsichtig mit der Hand umrühren. Dabei treiben die Schalen an die Oberfläche. Dann vorsichtig abgießen und den Vorgang so lange wiederholen, bis alle Sprossen von den Schalen befreit sind.
3) Mungsprossen und abgetropften Reis in einem (Schnellkoch-)Topf mit Kurkuma und Wasser 20 Minuten kochen (12 – 15 Minuten im Schnellkochtopf).
4) In der Zwischenzeit Gemüse waschen und putzen. Kürbis bzw. Zucchini in kleine Würfel, Brokkoli in Röschen und Karotten in Stifte schneiden. Nun Gemüse, Ingwer, die gewaschenen und gehackten Wildkräuter bzw. den Spinat, Kürbis- und Sonnenblumenkerne dazugeben und weitere 25 – 30 Minuten kochen. (Wenn Sie frische Küchenkräuter verwenden, diese erst kurz vor dem Servieren unterheben.)
5) In einem kleinen Topf Olivenöl erhitzen und Senfsamen zugedeckt rösten, bis die Samen zu springen beginnen; nun den Topf so lange vom Feuer nehmen, bis sie sich beruhigt haben. Kreuzkümmel dazugeben und einige Sekunden goldbraun rösten. Die gerösteten Gewürze in das Khichari geben. Koriander, Pfeffer, Salz (und frische Küchenkräuter) dazugeben.
6) Gewürze für einige Minuten im Kichari quellen lassen, damit sich ihr Aroma voll entfaltet, und anschließend servieren.

Tipp: Dieses Khichari schmeckt köstlich zu Salat und Fladenbrot oder auch zu Papadams (indischen »Riesenkräckern« aus Linsenmehl). Als i-Tüpfelchen können Sie noch etwas Butter bzw. Olivenöl darüber geben.
Grüne Mungbohnen bekommen Sie in jedem Naturkostladen bzw. Reformhaus.

Butternusskürbis-Suppe mit Äpfeln

Der Kürbis in Birnenform. Butternusskürbisse sehen aus wie eine überdimensionale Birne und besitzen helles Fruchtfleisch. Ihr milder Geschmack eignet sich sehr gut für Suppen (vor allem mit Apfel).

Für 4 Personen

750 g Butternusskürbis (oder Kürbis nach Wahl)
250 g Äpfel
2 – 3 EL Walnussöl
1 TL Anissamen
1 Lorbeerblatt
1 EL frisch geriebener Ingwer
1 TL Kurkuma
1 l Wasser
1 TL Meersalz
¾ – 1 TL frisch gemahlener weißer Pfeffer
3 – 4 EL Sahne (vegan: Reismilch)

Für die Dekoration:
Ringelblumen-Blütenblätter
(falls nicht vorhanden: 2 EL fein gehackter Dill)

So wird's gemacht:

1) Kürbis waschen, schälen, entkernen und klein schneiden. Apfel schälen und klein schneiden.
2) Walnussöl in einem Topf erhitzen und Anissamen goldbraun rösten. Lorbeerblatt, Ingwer, Kürbis und Kurkuma hinzufügen und 3 – 4 Minuten anbraten. Mit 1 l Wasser auffüllen. Apfelstücke dazugeben und Suppe für 10 Minuten zugedeckt kochen lassen.
3) Lorbeerblatt entfernen. Suppe pürieren und mit Salz, Pfeffer und Sahne bzw. Reismilch noch einmal aufkochen lassen.
4) Suppe mit Ringelblumen-Blütenblättern bzw. gehacktem Dill bestreut servieren.

Nun kommt das Beste – Pikantes aus dem Backofen

Gebackener Kürbis mit Käsefüllung

Der Käse der Wahl. Selbst gemachter Frischkäse enthält noch die meisten der unzähligen gesunden Inhaltsstoffe seiner Ausgangssubstanz, der Milch. Am besten gelingt er mit naturbelassener Rohmilch oder Vorzugsmilch. So und nicht anders wird der bekömmlichste Käse überhaupt schon seit Jahrtausenden in Indien hergestellt. (Anstatt selbst gemachtem Frischkäse können Sie auch Mozzarella, Feta, Doppelrahm-Frischkäse oder pürierten Tofu verwenden.)

Für 4 Personen

1 Hokkaido-Kürbis (etwa 1,5 kg Bruttogewicht)
etwas Olivenöl

Für den Frischkäse:
2 l Milch
Saft einer Zitrone

(oder 200 g Doppelrahm-Frischkäse, Feta, Mozzarella oder Tofu)

Für die Füllung:
500 g Zucchini
2 – 3 EL Olivenöl
1 TL Kreuzkümmel
1 ½ TL gemahlener Koriander
1 ½ EL frisch geriebener Ingwer
100 g frisch gehacktes Basilikum
¾ TL Meersalz
1 TL frisch gemahlener schwarzer Pfeffer

So wird's gemacht:

1) Backofen auf 200° C vorheizen. Kürbis waschen, abtrocknen, einen Deckel abschneiden und die Schnittstellen mit Olivenöl einreiben. Deckel wieder aufsetzen und Kürbis 45 Minuten bis 1 Stunde backen, bis sein Fruchtfleisch weich ist.
2) In der Zwischenzeit Frischkäse herstellen (genauere Anleitung Seite 43). Käse nur kurz im Käsetuch abhängen lassen, damit die Molke zwar abtropfen kann, der Frischkäse jedoch sehr weich bleibt.
3) Zucchini in dünne, längliche Streifen schneiden. 1 – 2 EL Olivenöl in einer Pfanne erhitzen. Kreuzkümmel darin goldbraun rösten, nach wenigen Sekunden Koriander und Ingwer hinzufügen und anschließend die Zucchinistifte 5 – 8 Minuten anbraten.
4) Frischkäse aus dem Käsetuch in eine Schüssel geben und mit 1 – 2 EL Olivenöl weich und geschmeidig kneten. Zusammen mit dem gehackten Basilikum zu den Zucchini geben und mit Salz und Pfeffer würzen.
5) Den Kürbis aus dem Backofen nehmen und mit einem Löffel die Kerne entfernen. Etwas Fruchtfleisch mit dem Löffel herausschaben, unter die Käsefüllung heben und in den Kürbis füllen. Nun den Deckel darauf setzen und den Kürbis sofort servieren oder aber im Backofen so lange warm halten, bis die restlichen Beilagen fertig sind.

Tipp: Servieren Sie den gebackenen Kürbis auf einer Platte und schneiden Sie für jede Portion ein beliebig großes »Kuchenstück« ab. Die Schale des Hokkaido-Kürbis können Sie übrigens mitessen.
Zu diesem Schlemmergericht passen Basmatireis oder Hirse und viel Salat.

Gebackener Kürbis à la Toscana

Die essbare Verpackung. Der leuchtend orangefarbene Hokkaido-Kürbis muss nämlich nicht extra geschält werden, Sie können seine dünne Schale ohne weiteres mitessen. Ein Rezept mit italienischer Note – buon appetito!

Für 4 Personen

1 orangefarbener Hokkaido-Kürbis (etwa 1750 g Bruttogewicht)

Für die Füllung:
400 – 500 g Tomaten
400 – 500 g Nudeln (am besten kleine Sorten, z. B. Muscheln)
300 g Zucchini
2 EL Olivenöl
1½ EL frisch geriebener Ingwer
1 EL getrocknetes Basilikum oder 1 Bund frisches Basilikum
1 TL getrockneter Thymian
1 TL frisch gemahlener schwarzer Pfeffer
1 TL Meersalz
50 – 75 g schwarze Oliven
150 g saure Sahne oder 200 g Mozzarella
(vegan: ein Schuss Sojadrink)
Salz zum Einreiben
Olivenöl zum Beträufeln

So wird's gemacht:

1) Backofen auf 200° C vorheizen und ein Backblech einfetten. Kürbis waschen und abtrocknen. Die Oberseite wie einen Deckel abschneiden, die Schnittflächen mit Olivenöl bestreichen und den Deckel wieder darauf setzen. Kürbis mit den Kernen 45 Minuten bis 1 Stunde backen, bis das Kürbisfleisch weich ist.
2) Die Tomaten in der Zwischenzeit in kochend heißem Wasser blanchieren, enthäuten und klein schneiden.
3) Nudeln in einem Topf mit Salzwasser al dente kochen.
4) Zucchini waschen und in Stifte schneiden. In einem Topf Olivenöl erhitzen, Ingwer und Zucchini anbraten und nach 4 – 5 Minuten die Tomaten dazugeben. Mit getrockneten Kräutern, Pfeffer, Salz und gehackten Oliven würzen. Falls Sie frisches Basilikum verwenden, dieses erst *nach* dem Kochen unterheben.
5) Die Kerne mitsamt anhaftenden Fäden mit einem Löffel aus dem gebackenen Kürbis nehmen und durch ein feines Sieb streichen. Dieses Kürbispüree (auch von der Unterseite des Siebes) in die Zucchini-Tomaten-Füllung geben. (Die Kerne können Sie entweder auf den Kompost werfen oder getrocknet und geröstet als gesunde Knabberei genießen, s. auch Seite 38.) Nun mit einem Löffel aus dem Kürbis möglichst viel Fruchtfleisch herausschaben und zur Zucchini-Tomaten-Füllung geben. Achten Sie jedoch darauf, dass der Kürbis genügend Standfestigkeit behält. Nudeln und saure Sahne bzw. in Würfel geschnittenen Mozzarella oder Sojadrink ebenfalls in die Füllung mischen.
6) Das ausgehöhlte Kürbisinnere mit Salz einreiben und mit Olivenöl beträufeln. Die Füllung hineingeben, den Kürbisdeckel darauf setzen und im ausgeschalteten Backofen bis zum Servieren zusammen mit der restlichen Füllung warm halten.

Tipp: Servieren Sie den gebackenen Kürbis auf einer Platte und schneiden Sie für jede Portion ein »Kuchenstück« ab. Noch einen Salat dazu, z. B. Eisberg-Kürbis-Salat mit Mais (s. Seite 162) oder Spargel-Kürbis-Salat (s. Seite 153), und Ihr Festmahl kann beginnen.

Gefüllter Kürbis

Eine runde Sache. In diesem Kürbis verbergen sich Reis, Frischkäse und einige andere Überraschungen. Sollten Sie keinen orangefarbenen Hokkaido-Kürbis bekommen, dann tut es auch der weiße mittelgroße Patisson-Kürbis, den man auch Bischofsmütze nennt, oder der Goldapfelkürbis. Bei diesen Sorten können Sie übrigens die Schale mitverzehren.

Für 4 – 5 Personen

1 großer oder 2 kleine Hokkaido- oder Goldapfel-Kürbisse (Pomme d'or) bzw. Patisson (mit einem Gesamt-Bruttogewicht von etwa 1300 g)
1 l Wasser oder Molke vom selbst gemachten Frischkäse
2 Lorbeerblätter
½ TL Curry

Für den Frischkäse:
2 l Milch
Saft einer Zitrone

(oder 200 g Doppelrahm-Frischkäse bzw. Feta)

Für die Reisfüllung:
200 g Basmatireis
1 TL Olivenöl
1½ TL Schwarzkümmel
1 TL Kurkuma
1 EL frisch geriebener Ingwer
400 ml Gemüsekochwasser
4 – 5 EL frisch gehacktes Basilikum bzw. Petersilie
50 g schwarze Oliven
1 Dose Artischockenherzen (Abtropfgewicht 240 g)
1½ TL Thymian
1 TL frisch gemahlener schwarzer Pfeffer
1 – 1½ TL Meersalz
1 EL Olivenöl
etwas Molke oder Olivenöl zum Beträufeln

So wird's gemacht:

1) Weichen Frischkäse herstellen (Anleitung s. Seite 43), die Molke aufheben.
2) Kürbis(se) waschen, die oberen Drittel wie Deckel abschneiden und die Kerne entfernen. Kürbis(se) in einem ausreichend großen Topf mit Wasser bzw. Molke, Lorbeerblättern und Curry etwa 8 – 12 Minuten (je nach Größe) halb gar kochen.
3) Reis waschen und abtropfen lassen. In einem Topf Olivenöl erhitzen und die Gewürze einige Sekunden anrösten. Sogleich den Reis dazugeben und anbraten, bis er glasig ist. Dann mit dem Gemüsekochwasser ablöschen, aufkochen lassen und auf kleiner Flamme etwa 10 Minuten zugedeckt köcheln lassen.
4) Nun frische Kräuter, gehackte Oliven, halbierte Artischockenherzen, Thymian, Pfeffer und Salz unter den Reis heben. Den Käse in einer Schüssel mit 1 EL Olivenöl vermengen.
5) Den Kürbis in verschiedenen Lagen abwechselnd mit Reis und Käse füllen, Kürbisdeckel wieder darauf setzen und in einer gefetteten Auflaufform etwa 20 Minuten bei 200 – 220° C backen. Den restlichen Reis und Frischkäse ebenfalls in die Auflaufform geben und darüber etwas Molke bzw. Olivenöl geben, damit es beim Backen nicht zu trocken wird. Auflaufform mit Alufolie abdecken.

Tipp: Zur Abrundung können Sie vor dem Backen zusätzlich noch Kräuter der Provence und einen kleinen Becher saure Sahne über die oberste Schicht in der Auflaufform geben.
Noch ein knackig-frischer Salat dazu und Sie haben ein vollmundiges Menü (z. B. Kürbis-Karotten-Salat s. Seite 156).

Kürbis-Kartoffel-Gratin mit Mais

Die dolle Knolle. Jahrtausendelang war die Kartoffel bei den Inkas ein Grundnahrungsmittel. Bei uns bekam sie diese Bedeutung erst durch einen »Trick« von Friedrich dem Zweiten, dem »Alten Fritz«: Erst nachdem er die Erdäpfel unter Polizeiaufsicht in die Erde pflanzen ließ, waren auch die Bauern vom Wert dieser Pflanze überzeugt. Wenn's einfach und schnell gehen soll, liegen Sie bei diesem Gratin genau richtig.

Für 4 Personen

650 g Kartoffeln
550 g Kürbis
2 EL Olivenöl
1 EL frisch geriebener Ingwer
1½ TL Curry
150 ml Gemüsebrühe
1 Glas Gemüsemais (Abtropfgewicht 285 g)

Für den Guss:
150 g Doppelrahm-Frischkäse
150 g saure Sahne
4 – 5 EL Gemüsebrühe
1 TL Meersalz
½ TL frisch gemahlener weißer Pfeffer
1 TL Curry
1 Bund frisch gehacktes Basilikum

So wird's gemacht:

1) Pellkartoffeln kochen.
2) Kürbis waschen, schälen, entkernen und in dünne Würfel schneiden.
3) Öl in einem Topf erhitzen, Ingwer, Curry und Kürbiswürfel anrösten und nach etwa 5 Minuten mit Gemüsebrühe aufgießen. Kürbis etwa 15 Minuten zugedeckt köcheln lassen. Gemüsemais abtropfen lassen und kurz vor Ende der Kochzeit zu dem Kürbis geben.
4) Backofen auf 220° C vorheizen. Kartoffeln schälen und in Scheiben schneiden. Auflaufform einfetten. Abwechselnd Kartoffeln und Kürbis-Mais-Mischung in die Form schichten. Das Kürbiskochwasser über den Auflauf gießen. Alle Zutaten für den Guss zu einer dickflüssigen Masse rühren und ebenfalls über das Gemüse gießen.
5) Gratin im Backofen 25 – 30 Minuten goldbraun backen.

Tipp: Zu diesem Kürbisgratin passt Feldsalat oder ein Kürbis-Raita (s. Seite 153).

Kürbisgratin in Orangensaft

Andere Länder, andere Sitten – und andere Rezepte. So viele verschiedene Arten von Kürbis es rund um den Erdball gibt, in so vielen leckeren Variationen bereitet man ihn auch zu. Hier ein Rezept von unseren französischen Nachbarn.

Für 4 Personen /
für 2 große Auflaufformen oder Kasserolen mit Deckel

300 g Feta bzw. Tofu
1 kg Kürbis (z. B. Hokkaido oder Potimarron)
3 – 4 TL frisch gehackter Ingwer

Für die Marinade:
3 EL Sesam- bzw. Sonnenblumenöl
Saft einer halben Orange
½ TL Zitronenpfeffer oder frisch gemahlener schwarzer Pfeffer
½ TL Meersalz
¼ TL Cayennepfeffer
1 Prise Zimt
1 EL Sesam

Außerdem:
Saft einer halben bis einer Orange
½ TL Meersalz
½ TL Zitronenpfeffer bzw. frisch gemahlener schwarzer Pfeffer
evtl. 1 TL Vollrohrzucker
eventuell 1 Orange
2 EL Butter bzw. Sonnenblumenöl
Fett für die Form

So wird's gemacht:

1) Feta bzw. Tofu in dünne Scheiben schneiden. Die Zutaten für die Marinade vermischen und den Tofu bzw. Feta darin marinieren. Wenn möglich 1 Stunde ziehen lassen. Kürbis waschen, schälen, entkernen und in sehr dünne Scheiben schneiden.
2) Zwei Kasserolen bzw. Auflaufformen einfetten. Backofen auf 225° C vorheizen. In die (erste) Auflaufform abwechselnd die Hälfte der Kürbisscheiben und alle Tofu- bzw. Fetascheiben dachziegelartig hineinlegen. Mit der Hälfte des Ingwers bestreuen und mit der Marinade des eingelegten Tofus übergießen.
3) In die zweite Kasserole bzw. Form die restlichen Kürbisscheiben schichten. (Falls erwünscht, eine Orange schälen und in dünne Scheiben schneiden. Die Scheiben zwischen die Kürbisscheiben schichten). Mit dem restlichen Ingwer bestreuen und den Saft einer Orange darüber gießen. (Falls Sie Orangenscheiben zwischen die Kürbisstücke legen, genügt der Saft einer halben Orange.) Mit Salz, Pfeffer (und eventuell 1 TL Vollrohrzucker) bestreuen und Butterflocken (bzw. Öl) darüber geben.
4) Kasserole mit Deckel schließen und beide Formen im Backofen bei 200° C 45 Minuten bis 1 Stunde backen, bis der Kürbis weich ist.

Tipp: Anstatt der Tofu- bzw. Fetascheiben macht sich natürlich auch selbst gemachter gepresster Frischkäse gut (aus 2 – 2,5 l Milch; Anleitung s. Seite 43).
Servieren Sie dazu Baguette oder Kürbisbrot (Seite 112) mit Kürbis-Sesam-Dip (Seite 167).

Gebackener Kürbis mit Kokos

Überraschungen gehören zur Tagesordnung. Selbst ein großer Kürbis lässt in der Küche keine Langeweile aufkommen. Hier präsentiert sich das ergiebige Herbst- und Wintergemüse mit seinem orangegelben Fruchtfleisch mal gebacken. Übrigens, der Clou steckt im Detail und heißt in diesem Rezept Kokosflocken.

Für 4 Personen

500 g Kürbis
1 – 2 TL Olivenöl oder Butter
1 TL gemahlene Fenchelsamen
1 TL gemahlener Koriander
¼ TL Cayennepfeffer oder eine kleine frische Chili
zerstoßene Samen von 3 – 4 Kardamomkapseln
1 Prise Zimt
3 EL Kokosflocken
1 TL Meersalz
2 TL Zitronensaft
Fett für die Form

So wird's gemacht:

1) Kürbis waschen, schälen, entkernen und in Würfel schneiden. In eine gefettete Auflaufform geben und bei 220 – 250° C 20 Minuten backen.
2) Olivenöl bzw. Butter in einem Topf schmelzen, Gewürze und Kokosflocken für einige Sekunden darin rösten. Die Form aus dem Ofen nehmen und die Mischung über den Kürbiswürfeln verteilen.
3) Zum Abschluss noch mit etwas Salz bestreuen und mit Zitronensaft beträufeln.

Tipp: Dazu noch Kürbis-Gnocchi in Salbeibutter (Seite 138) und Kürbiskern-Rucola-Sauce (Seite 166) und Sie haben ein Kürbis-Festmahl par excellence!

Variation: Kürbispüree

Kürbispüree passt sehr gut zu Reis, Kartoffelgerichten (z. B. Kürbis-Kartoffel-Kroketten, Seite 134) und süß-scharfen Chutneys.

500 g Kürbis
2 EL Sahne
2 – 3 TL Vollrohrzucker
1 TL Meersalz
1 TL gemahlener Koriander
½ TL Paprika
¼ TL frisch geriebener Muskat
3 EL Kokosflocken
1 – 2 TL Olivenöl oder Butter
Fett für die Form

So wird's gemacht:

1) Kürbis waschen, schälen, entkernen und in Würfel schneiden. In eine gefettete Auflaufform geben und bei 220 – 250° C 20 Minuten backen.
2) Den gebackenen Kürbis mit Sahne, Vollrohrzucker und Salz cremig pürieren. Anschließend Gewürze unterheben.
3) Kokosflocken in geschmolzener Butter bzw. Olivenöl goldbraun rösten und über das Püree streuen.

Fenchel-Quinoa-Auflauf mit Kürbis

»Mutter Korn«, so nannten die Azteken und Inkas die weißlich-gelben Quinoa-Körnchen. Auch wenn Quinoa eigentlich gar kein Getreide, sondern ein Gänsefußgewächs ist, ändert das nichts an seinen wertvollen Inhaltsstoffen. Weitere Pluspunkte: Es ist zäh und widerstandsfähig und gedeiht noch in Höhenlagen, z. B. in den Anden weit über 4000 Meter über dem Meeresspiegel.

Für 4 – 6 Personen

100 g Quinoa
300 ml Wasser
400 g Süßkartoffeln
300 g Kürbis
950 g Fenchel
1 TL frisch geriebener Ingwer
1 TL Fenchelsamen
1 TL Kreuzkümmel
½ TL Kurkuma
¼ TL Zimt
1 TL getrockneter Thymian
1 TL getrockneter Majoran
1 Prise Muskat
¾ TL Pfeffer
1 TL Meersalz
3 EL Molke (von der Frischkäseherstellung) oder (Gemüse-Koch-)Wasser
2 – 3 EL Sahne
Fett für die Form

Für den Frischkäse:
1 l Milch
Saft einer halben Zitrone

(oder 200 g Hüttenkäse)

So wird's gemacht:

1) Quinoa in einem feinen Sieb unter fließendem Wasser spülen. Mit 300 ml Wasser 10 – 15 Minuten kochen und quellen lassen.
2) Frischkäse herstellen (s. Seite 43) und 5 – 10 Minuten im Käsetuch abhängen lassen.
3) Gemüse waschen. Süßkartoffeln und Kürbis schälen, Kürbis entkernen. Gemüse in dünne Scheiben schneiden und in einem Topf mit etwas Wasser etwa 8 Minuten halb gar kochen.
4) Backofen auf 200 – 220° C vorheizen. Fenchelsamen und Kreuzkümmel trocken rösten und in einem Mörser zerstoßen. Eine Kasserole (mit Deckel) einfetten und das Gemüse dachziegelartig hineinlegen.
5) Käse mit Quinoa, Ingwer, den restlichen Gewürzen und Kräutern, Salz, Molke oder (Gemüsekoch)-Wasser und Sahne vermischen. Quinoamischung auf dem Gemüse verteilen und etwa 35 Minuten bei 200 – 220° C goldbraun backen. (Die Quinoamischung sollte feucht genug sein, damit der Auflauf während des Backens nicht austrocknet. Deshalb auch mit Deckel oder Alufolie bedecken.)

Tipp: Falls der Auflauf durch das Backen etwas zu trocken geworden ist, noch etwas Gemüsekochwasser darüber geben bzw. mit Buttermilch oder einer Sauce Ihrer Wahl (z. B. Kürbiskern-Rucola-Sauce, s. Seite 166) servieren.

Kürbisauflauf mit Teigsternen

Immer ein Blickfang. Ofengerichte sind etwas Besonderes, vor allem wenn sie so schön mit Teigsternen verziert sind wie in diesem Rezept. Verwöhnen Sie Ihre Gäste und natürlich auch sich selbst mit dieser wundervollen, verführerischen Kürbiskreation.

Für 4 Personen

Für die Füllung:
50 – 75 g Kichererbsen
850 g Hokkaido-Kürbis (oder andere Sorte; Bruttogewicht)
300 g Stangensellerie
200 g Auberginen
250 g rote Paprika
2 EL Olivenöl
2 TL Kreuzkümmel
1½ EL frisch geriebener Ingwer
2 TL gemahlener Koriander
½ TL Meersalz

Für die Tomatensauce:
1 gehäufter EL Wildpfeilwurzelmehl bzw. Maisstärke
1 EL Olivenöl
1½ TL schwarze Senfkörner
3 – 4 EL Tomatenmark (doppelt konzentriert)
300 ml Wasser
1 TL Paprikapulver
½ TL frisch gemahlener schwarzer Pfeffer
1 EL Kräuter der Provence
1 TL Meersalz

Für die Teigsterne:
125 g Dinkelvollkornmehl
1 Msp Natron (kann auch entfallen)
50 g Butter (vegan: Pflanzenmargarine)
4 EL saure Sahne (vegan: Sojadrink)
¾ TL Meersalz
1 EL Sonnenblumenkerne

2 TL Kräuter der Provence
Fett für die Form

So wird's gemacht:

1) Kichererbsen – wenn möglich – über Nacht einweichen und in einem Topf mit Wasser 1 Stunde weich kochen. Mit dem Schnellkochtopf dauert es etwa 35 – 40 Minuten.
2) Gemüse waschen. Hokkaido-Kürbis halbieren und Kerne entfernen (diese Sorte muss nicht geschält werden). Kürbis in sehr dünne, blätterartige Scheiben schneiden. Selleriestangen in dünne Ringe, Auberginen in dünne, lange Streifen und Paprika in Würfel schneiden.
3) In einem großen Topf Olivenöl erhitzen und Kreuzkümmel 1 Minute goldbraun rösten. Ingwer und Korianderpulver dazugeben und nach wenigen Sekunden auch die Auberginenstreifen. Nach etwa 2 Minuten Sellerie, Paprika und etwas später die Kürbisscheiben hinzufügen. Gut rühren, damit nichts anbrennt. Sobald das Gemüse leicht geröstet ist, etwa 50 ml Wasser hinzugeben und zugedeckt etwa 15 Minuten kochen, bis das Gemüse gar ist. Dann das Salz unterheben.
4) In der Zwischenzeit die Tomatensauce und den Teig für die Sterne herstellen: Wildpfeilwurzelmehl bzw. Maisstärke mit Tomatenmark und mit kaltem Wasser verrühren. In einem Topf Olivenöl erhitzen und darin die Senfkörner rösten (mit Deckel), bis die Samen hörbar gegen den Deckel springen. Nun den Topf von der Flamme ziehen, bis sich die Samen beruhigt haben. Anschließend gleich die Tomatensauce aufgießen. Mit Paprika, Pfeffer, Kräutern der Provence und Salz abrunden und mittlerer Hitze etwas eindicken lassen.
5) Alle Zutaten für die Teigsterne in einer Schüssel zu einem elastischen Teig kneten und kalt stellen.
6) Den Backofen auf 200° C vorheizen und die Auflaufform einfetten. Gemüse in die Form füllen. Die weichen Kichererbsen in die Tomatensauce geben und diese über dem Auflauf verteilen. Den Teig etwa 20 × 20 cm groß und 0,5 cm dick ausrollen und Teigsterne ausstechen. Die Teigsterne dachziegelartig am Rand der Form und 2 – 3 Sterne in der Mitte dekorieren. Den Auflauf etwa 30 Minuten backen, bis die Sterne goldbraun und knusprig sind.

Tipp: Dieser dekorative Auflauf verlangt förmlich nach Basmatireis und Salat.

Gefüllter Kürbis in Brotteig

Inkognito. In diesem Rezept hat sich der Kürbis mal im Brotteig versteckt. Damit überraschen Sie nicht nur verwöhnte Gaumen, sondern Sie können die Füllung auch nach Saison und Laune beliebig variieren. Kommt noch ein knackiger Eisbergsalat dazu, dann ist für jede Menge Abwechslung auf dem Esstisch gesorgt.

Für 6 – 8 Personen

Für den Brotteig:
500 g Dinkelvollkornmehl
250 – 275 ml lauwarmes Wasser
1 Päckchen Trockenhefe oder 20 g frische Hefe (½ Würfel)
6 EL Olivenöl
3 EL Sesam
1 TL Meersalz
Fett für das Blech bzw. die Form

Für den gefüllten Kürbis:
250 – 300 g selbst gemachter Frischkäse aus 2½ – 3 l Milch und 5 EL Zitronensaft (Anleitung Seite 43) oder 250 g Mozzarella, Feta bzw. Tofu
1 – 1,5 kg Kürbis (Bruttogewicht; 1 – 2 kleine und runde Kürbisse, z. B. Hokkaido, Potimarron oder Rondini)
1 – 2 TL Olivenöl
2 EL Olivenöl
2 – 3 EL Tomatenmark (doppelt konzentriert)
1 EL Wildpfeilwurzelmehl bzw. Maisstärke
200 ml Wasser
1 TL Majoran
1 TL Thymian
1 TL frisch gemahlener schwarzer Pfeffer
50 g Oliven oder 4 EL Kapern
1 TL Meersalz
2 EL frisch gehackter Salbei
4 – 5 EL frisch gehacktes Basilikum (oder Petersilie)
Olivenöl zum Bepinseln und für die Form

So wird's gemacht:

1) Alle Zutaten für den Brotteig miteinander verkneten und zugedeckt 30 – 40 Minuten an einem warmen, zugfreien Ort gehen lassen.
2) In der Zwischenzeit die Kürbisfüllung zubereiten: Frischkäse herstellen; falls Sie Mozzarella, Feta bzw. Tofu verwenden, diesen in Würfel schneiden. (Übrigens, noch leckerer schmecken Tofuwürfel, wenn sie vorher mit etwas Olivenöl und Gewürzen nach Wahl angebraten werden.)
3) Kürbis(se) waschen, schälen, einen Deckel abschneiden und Kürbis(se) entkernen. Von innen und außen mit 1 – 2 TL Olivenöl bestreichen.
4) 2 EL Olivenöl in einem Topf erhitzen, mit Tomatenmark und dem mit kaltem Wasser verrührten Wildpfeilwurzelmehl bzw. der Maisstärke aufgießen und Trockenkräuter und Pfeffer dazugeben. Die Sauce so lange köcheln lassen, bis sie etwas eingedickt ist. Dann Käse, gehackte Oliven oder Kapern, Salz, Salbei und Basilikum hinzugeben und Kürbis(se) damit füllen.
5) Backofen auf 200° C vorheizen. Backblech bzw. Auflaufform einfetten. Den Brotteig noch einmal kräftig durchkneten und je nach Kürbisgröße zu einem großen bzw. zwei kleinen, jedoch nicht zu dünnen Fladen ausrollen.
6) Fladen um den Kürbis bzw. die Kürbisse (mit Deckel) legen. Nun den Kürbis/die Kürbisse im Teigmantel auf das Blech bzw. die Auflaufform legen und etwa 45 Minuten goldbraun und knusprig backen. Eventuell noch einige Minuten in der Nachhitze stehen lassen.
7) Nach dem Backen mit Olivenöl einpinseln.

Tipp: Noch etwas Salat oder eine Suppe dazu, und das Gaumenerlebnis ist perfekt.

Kürbisbrot

Großmutter wusste, was gut schmeckt und gesund ist. Gönnen auch Sie sich dieses leckere Brot und servieren Sie dazu eine Kürbiscremesuppe mit einem Schuss Sahne. Sie werden begeistert sein.

Für 1 Brot

2 TL gemahlener Koriander
700 – 800 g Dinkelvollkornmehl
(Menge richtet sich nach der Feuchtigkeit des Kürbis)
20 – 30 g Hefe
300 ml lauwarmes Wasser
1 EL Ahornsirup
2 EL Meersalz
300 g Kürbis (z. B. Acorn, Muskatkürbis)
100 g Karotten oder Rettich
60 g gemahlene Mandeln
Fett für das Blech bzw. die Form

So wird's gemacht:

1) Koriander mit dem Dinkel in einer Schüssel mischen. Die Hefe in einem kleinen Topf mit lauwarmem Wasser auflösen und mit Ahornsirup und etwas Mehl verrühren. Diesen Vorteig zugedeckt 15 Minuten gehen lassen.
2) Meersalz unter das Mehl mischen. Den Vorteig dazugeben und kräftig zu einem glatten, geschmeidigen Teig kneten, bis sich der Teig vom Schüsselrand löst und nicht mehr klebt. Hefeteig mit einem Tuch abgedeckt an einem warmen, zugfreien Ort etwa 30 Minuten gehen lassen.
3) In der Zwischenzeit den zimmertemperierten Kürbis waschen, schälen, die Kerne entfernen und das Fruchtfleisch raspeln. Ebenso die Karotten bzw. den Rettich waschen, raspeln und mit den gemahlenen Mandeln unter den Kürbis mischen.
4) Das geraspelte Gemüse nach und nach unter den Hefeteig kneten. Je nach Bedarf noch etwas Dinkelmehl unterkneten. Der Teig sollte nicht kleben, aber auch nicht zu fest sein.

5) Den Hefeteig eine weitere Stunde zugedeckt gehen lassen, bis sich sein Volumen verdoppelt hat. Dann noch einmal kräftig durchkneten und zu einem Laib formen. Das Kürbisbrot auf ein gefettetes Blech bzw. in eine gefettete Kastenform legen. Den Laib einschneiden und zugedeckt nochmals 20 Minuten gehen lassen.
6) Bei 200° C 50 Minuten bis 1 Stunde backen. (In der Kastenform gebackenes Brot aus der Form stürzen.) Klopftest machen. Das Brot ist fertig, wenn es eine knusprige Kruste hat und hohl klingt, wenn Sie auf die Unterseite klopfen. Eventuell noch einige Minuten in der Nachhitze des Ofens stehen lassen.
7) Brot auf einem Gitter auskühlen lassen.

Focaccia mit Kürbis

Das luftige Fladenbrot aus der Toskana. Bei unseren südlichen Nachbarn gibt es die traditionellen großen und flachen Fladen Focaccia (sprich: Fokadscha) in buchstäblich unzähligen Variationen. Einmal backt man sie mit ganzen Kräuterbüschelchen aus Thymian, Rosmarin oder Salbei belegt, ein anderes Mal mit ganzen Oliven und wieder ein anderes Mal ... Lassen Sie sich überraschen!

Für 4 Fladenbrote

Für den Hefeteig:
250 g Kartoffeln
20 g frische Hefe (½ Würfel)
200 ml lauwarmes Wasser
450 g Dinkelvollkornmehl
250 g Kürbis
450 – 500 g Weizenmehl (Typ 1050)
3 EL Olivenöl
3 TL Meersalz
Fett für das Blech

Für den Belag:
16 Oliven
16 enthäutete Mandeln
ein kleiner Zweig Rosmarin
etwas Olivenöl

So wird's gemacht:
1) Pellkartoffeln kochen (eventuell schon am Vortag).
2) Hefe in das lauwarme Wasser bröckeln und mit einigen EL Dinkelmehl verrühren. Diesen Vorteig abgedeckt an einem warmen Ort 15 Minuten gehen lassen.
3) Die abgekühlten Kartoffeln schälen und mit einer Gabel zu Brei zerdrücken. Kürbis waschen, schälen, entkernen und raspeln.
4) Restliches Dinkel- und Weizenmehl in eine Schüssel geben und mit Vorteig, Kartoffeln, Kürbis, Olivenöl und Meersalz zu einem Hefe-

teig kneten. Die Mehlmenge richtet sich nach der Feuchtigkeit des Kürbis und kann deshalb etwas variieren. Beim Kneten sollte der Teig nicht mehr kleben. Hefeteig zugedeckt an einem warmen Ort 45 Minuten bis 1 Stunde gehen lassen, bis sich sein Volumen verdoppelt hat.

5) Oliven gegebenenfalls entkernen. Teig noch einmal kräftig durchkneten, zu vier Kugeln formen und zu flachen Fladen ausrollen. Je zwei Fladen auf ein gefettetes Blech legen und mit den Fingerkuppen in regelmäßigen Abständen 1 cm große Vertiefungen in den Teig drücken. Je zwei Fladen mit Oliven und zwei Fladen mit Mandeln belegen. Zum Abschluss noch frische Rosmarinspitzen über die Brote streuen und mit etwas Olivenöl beträufeln. Nochmals 15 – 20 Minuten zugedeckt gehen lassen.
6) Bei 200° C 25 – 30 Minuten backen.

Tipp: Am besten schmeckt Focaccia noch warm und zu Salat oder einer Suppe.

Kürbis-Quark-Brötchen

Gewusst wie. Luftig und weich wie sie sind, passen diese Brötchen ideal zu einem Frühstück mit Marmelade und Honig, aber auch zu pikanten Gerichten wie Suppen und Salaten. Selbst pur – nur mit Butter – kann ihnen niemand widerstehen. Und der Clou ist der selbst gemachte Joghurtquark.

Für 10 Brötchen

500 g Joghurt für 250 g selbst gemachten Joghurtquark oder 250 g Quark (ohne tierisches Lab)
250 ml Buttermilch
250 g Kürbis
500 g Dinkelvollkornmehl
1 TL Natron
1 TL Meersalz
1 TL gemahlener Kümmel
3 EL Kürbiskerne
1 EL Kürbiskerne zum Verzieren
Fett für das Blech

So wird's gemacht:

1) Um den Joghurtquark herzustellen, einfach den Joghurt in ein Käsetuch (Baumwollwindel) geben, Tuch an den Enden verknoten, aufhängen und 3 – 5 Stunden abhängen lassen. So kann die Molke abtropfen, bis sich das Gewicht des Joghurts um die Hälfte reduziert hat.
2) Joghurtquark bzw. Quark und Buttermilch in einer Schüssel verrühren. Kürbis waschen, schälen, entkernen und raspeln. Kürbisraspel mit zwei Dritteln des Dinkelmehls in den Quark geben. (Falls Sie eine Getreidemühle besitzen, können Sie den Kümmel gleich mit dem Dinkel fein mahlen.) Natron unter das letzte Drittel des Mehls mischen und alles zusammen mit Salz, Kümmel und Kürbiskernen zu einem feuchten Teig kneten. (Obwohl der Teig eine leicht klebrige Konsistenz haben sollte, damit die gebackenen Brötchen weich und luftig werden, kann die Mehlmenge je nach Feuchtigkeit des Kürbis etwas variieren.)

3) Backofen auf 200° C vorheizen. Backblech einfetten, 10 Brötchen formen und auf das Blech legen. Brötchen mit Kürbiskernen verzieren und 25 – 30 Minuten goldbraun backen.

Kürbisstrudel

Fein soll es sein. Das Besondere an diesem Strudel sind seine dünnen Teigblätter, die im Gegensatz zum klassischen Blätterteig nur aus Weizenmehl, Wasser und Salz bestehen. Türkische Gemüsegeschäfte bieten sie in dünner und manchmal auch in hauchdünner Version an. Von den hauchdünnen Blättern nehmen Sie einfach zwei bis drei mit Olivenöl bestrichene Teiglagen, so kann die Füllung beim Backen nicht herauslaufen.

Für 4 – 6 Personen / für 3 dünne Strudel

Für den Strudelteig:
3 dünne Teigblätter (dünner türkischer »Blätter«teig)
50 – 100 ml Olivenöl zum Bestreichen

Für die Füllung:
600 g Paprika (je 1 rote, gelbe und grüne)
300 g Karotten
850 g Kürbis
100 g grüne Oliven
2 – 3 EL Olivenöl
1 frische grüne Chili
2 TL gemahlener Koriander
1 TL Paprikapulver
1 TL Kurkuma bzw. Curry
100 ml Gemüsebrühe oder Wasser
150 g saure Sahne oder Feta bzw. Mozzarella
1 TL Meersalz
Fett für das Blech

So wird's gemacht:

1) Gemüse waschen. Paprika in dünne Streifen schneiden. Karotten in 0,5 cm feine und etwa 3,5 cm lange Stifte schneiden. Kürbis schälen, entkernen und in etwa 2 cm große Würfel schneiden. Oliven hacken.
2) Olivenöl in einem großen Topf erhitzen, entkernte und gehackte Chili einige Sekunden anrösten und anschließend die Pulvergewür-

ze dazugeben. Einige Sekunden später die Paprika und Karottenstifte etwa 5 Minuten darin anbraten, nun die Kürbiswürfel dazugeben. Einige Minuten darauf mit Gemüsebrühe aufgießen und die Füllung etwa 15 Minuten köcheln lassen, bis der Kürbis gar ist.

3) Saure Sahne oder in kleine Würfel geschnittenen Feta bzw. Mozzarella mit Salz und gehackten Oliven unter die Füllung heben.

4) Backofen auf 200° C vorheizen. Ein Backblech mit Olivenöl einfetten. Das erste dünne Teigblatt mit einem in Olivenöl getauchten Pinsel großzügig bestreichen und auf das Blech legen. Ein Drittel der Füllung auf dem halben Teigblatt verteilen und zu einem Strudel aufrollen. Beim Aufrollen die Außenseite des Teigblattes mit Olivenöl bestreichen. Mit den anderen beiden Teigblättern ebenso verfahren.

5) Die drei Strudel auf einem Blech etwa 30 Minuten goldbraun backen. Eventuell 5 Minuten vor dem Ende der Backzeit noch einmal mit Olivenöl bestreichen.

Tipp: Servieren Sie zu diesem Strudel einen leckeren Salat (z. B. Kürbis-Kartoffel-Salat; s. Seite 158).

Kürbis-Amaranth-Pastete

Amaranth, das einstige »Inka-Korn«, ist eigentlich gar kein Getreide, sondern ein Fuchsschwanzgewächs. Lecker und gesund ist Amaranth alle Mal, 75 % herz- und gefäßfreundliche ungesättigte Fettsäuren und reichlich Vitamin C (für die Abwehrkraft) sprechen für sich.

Für 4 Personen

Für den Blätterteig:
125 g Dinkel- oder Weizenvollkornmehl
1 Prise Meersalz
75 g gekühlte Butter
60 ml eiskaltes Wasser

Für die Füllung:
850 g Kürbis (z. B. Türkenturban)
350 g Karotten
1 EL Butter
Saft und abgeriebene Schale einer halben unbehandelten Orange
2 TL Curry
5 – 6 EL Amaranth
2 TL frisch geriebener Ingwer
Meersalz, Pfeffer, Muskat
200 g saure Sahne
4 EL Vollkorn-Semmelbrösel bzw. Weizenkleie
2 – 3 EL Pinienkerne
Butter für die Form

So wird's gemacht:

1) Dinkelmehl für den Blätterteig aussieben und in einer Schüssel mit dem Salz mischen. Butter in vier gleich große Stücke teilen. Ein Viertel der Butter (ca. 20 g) in das Mehl reiben. Wasser hinzufügen und alles miteinander verkneten. Den Rest der Butter kühl stellen.
2) Teig auf eine leicht bemehlte Fläche legen und kneten, bis er glatt ist. Zu einem Rechteck formen und auf 10 – 15 cm Kantenlänge ausrollen. Am Ende ein Lineal nehmen, damit die Ecken rechtwinklig und die Ränder gerade sind.

3) Ein weiteres Viertel der Butter in dünne Scheiben schneiden und in Reihen auf zwei Dritteln des Teiges verteilen (Ränder dabei freilassen). Nun das untere Drittel des Teiges (ohne Butter) zur Mitte schlagen, dann das gegenüberliegende Drittel ebenfalls zur Mitte schlagen, so dass drei übereinander liegende Schichten entstehen.
4) Die Ränder mit dem Nudelholz leicht zusammendrücken. Das Teigstück mit der Schmalseite zum Körper drehen. Teig erneut, diesmal ohne Fettzugabe, ausrollen und zusammenfalten.
5) Die Schritte 3) und 4) zweimal wiederholen – jetzt ist die gesamte Butter verbraucht.
6) Teig in Frischhaltefolie einschlagen und mindestens 30 Minuten kalt stellen. Dann wieder ausrollen und wie in Punkt 4) beschrieben ohne Fettzugabe zusammenfalten. Der Teig kann jetzt weiter verwendet werden.
7) Die Hälfte des Teigs zwischen zwei Frischhaltefolien in Größe der Auflaufform ausrollen und den Teig kalt stellen. Den restlichen Teig ausrollen und mit Förmchen kleine Figuren (Blümchen, Sterne etc.) ausstechen. Ebenfalls kalt stellen.
8) Kürbis waschen, schälen und Kerne entfernen, Karotten waschen. Kürbis und Karotten in feine Scheiben schneiden. Beides zusammen in einem Topf mit 1 EL Butter, Orangensaft und Curry zugedeckt weich dünsten.
9) Backofen auf 220° C vorheizen. Die Auflaufform mit viel Butter einfetten. Mit 1 EL Amaranth ausstreuen und die Hälfte des Gemüses in einer Lage hineinlegen. Etwas Ingwer, geriebene Orangenschale, Salz, Pfeffer, Muskat und 2 EL Amaranth darüber streuen. Saure Sahne mit Semmelbröseln verrühren und die Hälfte davon darüber gießen. Nun die zweite Hälfte des Gemüses darüber legen und die letzten Schritte wiederholen. Zum Abschluss noch 2 EL Pinienkerne über die Gemüse-Sahne-Schichten streuen.
10) Den Blätterteig aus dem Kühlschrank nehmen, die Folie abziehen und den Teig auf die Gemüsemischung legen. Ein Luftloch im Deckel ausstechen. Die mit kaltem Wasser bepinselten kleinen Blätterteigformen als Verzierung auf die Teigschicht drücken.
11) Im vorgeheizten Ofen 30 Minuten goldbraun backen und noch heiß servieren.

Tipp: Besonders lecker schmecken Kürbis-Spinat-Mousse (s. Seite 172) und Salat zu dieser festlichen Pastete.

Kürbis-Mangold-Pizza

Der italienische Auswanderer. Eigentlich ist die Pizza gar nicht in Italien entstanden, sondern in den Restaurants italienischer Auswanderer. Doch auch in Italien stört man sich nicht daran, Hauptsache sie schmeckt.

Für 4 Personen / für 1 Backblech

Für den Joghurtquark-Öl-Teig:
400 g Joghurt für 200 g Joghurtquark
125 ml Olivenöl
90 ml Wasser
1 TL Meersalz
400 g Weizen- oder Dinkelvollkornmehl
1 TL Natron

Für den Belag:
500 g Kürbis
750 g Mangold
3 – 4 EL Olivenöl
2 TL Schwarzkümmel
½ TL Asafoetida (kann entfallen)
1 EL frisch geriebener Ingwer
2 TL Kurkuma
200 g saure Sahne
2 TL Meersalz
¾ TL frisch gemahlener schwarzer Pfeffer
250 g Mozzarella

Außerdem:
4 EL frisch gehacktes oder 2 TL getrocknetes Basilikum
1 TL Oregano
etwas Olivenöl zum Beträufeln und für die Form

So wird's gemacht:

1) Für den Joghurtquark den Joghurt etwa 3 Stunden in einem Käsetuch (Baumwollwindel) abhängen, bis er sich um die Hälfte reduziert hat. Die abtropfende Molke dabei auffangen (falls Sie den Joghurtquark zu lange abgehangen haben, können Sie wieder etwas Molke unterrühren).
2) Kürbis waschen, schälen, entkernen und mit einer Gemüsereibe raspeln. Mangold waschen und in feine Streifen schneiden.
3) Joghurtquark mit Olivenöl, Wasser und Salz in einer Rührschüssel (mit dem Knethaken des Handrührgeräts) zu einer cremigen Masse rühren. Nach und nach Mehl hinzugeben. Natron unter das letzte Drittel des Mehles mischen und den Teig mit der Hand elastisch kneten.
4) Backofen auf 200 – 220° C vorheizen. Backblech mit Olivenöl einfetten. Teigkugel erneut kurz auf der Arbeitsfläche kneten und ausrollen. Den Teigfladen dünn auf dem Blech ausbreiten und dabei einen kleinen Rand bilden. Teigboden 15 Minuten vorbacken.
5) In einem großen Topf Olivenöl erhitzen, Schwarzkümmel einige Sekunden anrösten, dann Asafoetida, Ingwer und Kurkuma hinzufügen und nach einigen weiteren Sekunden die Kürbisraspel und den Mangold ebenfalls hinzugeben. Alles gut umrühren, damit nichts anbrennt. Falls nötig, 2 – 3 EL Wasser dazugeben. Das Gemüse 10 – 12 Minuten zugedeckt köcheln lassen, bis es gar ist.
6) Saure Sahne, Salz und Pfeffer unter das gekochte Gemüse heben und den Belag auf dem vorgebackenen Teigboden verteilen. Mozzarella in Scheiben schneiden und auf der Pizza verteilen. Mit frisch gehacktem Basilikum und Oregano bestreuen und mit etwas Olivenöl beträufeln. Pizza 20 – 25 Minuten goldbraun backen.

Tipp: Probieren Sie an Stelle von Mozzarella auch einmal hausgemachten Frischkäse aus 2 l Milch (genaue Anleitung s. Seite 43). Kneten Sie vor dem Backen noch 1 EL Olivenöl unter den Frischkäse, dadurch wird er samtig weich und lässt sich besser auf der Pizza verteilen.

Kürbis-Kartoffel-Quiche

Denn das Gute liegt so nah. Frisches Gemüse mit knusprigem Teig und cremigem Mozzarella macht den Reiz dieser köstlichen Quiche aus. Noch einige ausgesuchte Gewürze dazu, und Sie brauchen sich nicht wundern, wenn von dieser Quiche niemals etwas übrig bleibt.

Für 4 Personen / für eine Springform Ø 26 – 28 cm

Für den Mürbteig:
250 g Dinkel- oder Weizenvollkornmehl
125 g kalte Butter
2 EL kaltes Wasser
½ TL Meersalz
½ TL Natron
500 g Hülsenfrüchte (zum Blindbacken)

Für den Belag:
500 g Kartoffeln
500 g Kürbis
2 – 3 EL Olivenöl
1 TL Kümmel
¾ TL Muskat
½ TL Asafoetida (kann entfallen)
125 g Mozzarella
60 g grüne Oliven (20 Stück)
½ TL gemahlener Rosmarin
1 TL frisch gemahlener schwarzer Pfeffer
1½ TL Meersalz
4 EL Joghurt
etwas Meersalz, Pfeffer und Oregano zum Bestreuen
etwas Olivenöl zum Beträufeln und für die Form

So wird's gemacht:

1) Kartoffeln waschen und 200 g als Pellkartoffeln kochen. Die restlichen Kartoffeln schälen und raffeln.
2) Alle Zutaten für den Mürbteig rasch verkneten, zu einer Kugel formen und zugedeckt mindestens 30 Minuten kalt stellen.
3) Kürbis waschen, schälen, entkernen und raffeln.
4) Teigkugel zwischen zwei Frischhaltefolien ausrollen und eine gefettete Springform damit auskleiden. Dabei einen 3 cm hohen Rand bilden. Teigboden mit einer Gabel mehrmals einstechen und anschließend mit Pergamentpapier auslegen. Die Hülsenfrüchte bis zum Teigrand auffüllen und bei 200° C 15 Minuten vorbacken. Nun die Hülsenfrüchte aus der Teigform herausschütten – sie können anderweitig in der Küche verwendet werden – und das Pergamentpapier entfernen.
5) Olivenöl in einer Pfanne erhitzen und Kümmel 30 Sekunden anrösten. Dann Muskat, eventuell Asafoetida und die rohen Kartoffelstifte hineingeben und 2 – 3 Minuten anbraten, bis sie leicht gebräunt sind. Dabei immer wieder umrühren, damit nichts anbrennt. Kürbis dazugeben und 8 – 10 Minuten unter häufigem Rühren anbraten.
6) Pellkartoffeln schälen und in dünne Scheiben schneiden. Mozzarella zur Hälfte in Scheiben und zur anderen Hälfte in Würfel schneiden. Oliven halbieren.
7) Nun Oliven, Rosmarin, Pfeffer, Salz, Joghurt und die Mozzarellawürfel unter die Füllung heben und auf dem vorgebackenen Boden verteilen. Die Quiche mit den Pellkartoffelscheiben dachziegelartig in Form eines Kranzes belegen und die Mitte sowie den äußeren Rand des Kranzes mit den Mozzarellascheiben verzieren. Mit etwas Salz, Pfeffer und Oregano bestreuen und mit Olivenöl beträufeln.
8) Die Quiche abschließend 35 Minuten bei 190° C goldbraun und knusprig backen.

Tipp: Mit einer cremigen Suppe und einem Glas Buttermilch serviert, ist diese Quiche eine leckere und leichte Mahlzeit.

Kürbiskernbrötchen

Die Kraft der kleinen Kerne. Grüne Kürbiskerne sind nicht nur eine leckere Knabberei; sie haben auch für unsere Gesundheit einiges zu bieten, z. B. ätherische Öle und Vitamine sowie reichlich Zink, Phosphor, Eisen und Magnesium.

Für 12 Stück

20 g frische Hefe (½ Würfel)
500 – 550 ml lauwarmes Wasser
700 g Dinkelvollkornmehl
100 g grüne Kürbiskerne
1 TL Kümmel
1 TL Meersalz
Kürbiskerne zum Bestreuen
Fett für das Blech

So wird's gemacht:

1) Hefe in einer kleinen Schüssel mit 250 ml lauwarmem Wasser und 5 EL Dinkelmehl verrühren. Diesen Vorteig zugedeckt 10 Minuten gehen lassen. Grüne Kürbiskerne und Kümmel in einer Pfanne ohne Fett rösten.
2) Das restliche Mehl in eine große Schüssel geben, zusammen mit dem Vorteig, dem restlichen Wasser und dem Salz zu einem sehr weichen Teig kneten. Kürbiskerne und Kümmel fein mahlen und ebenfalls unter den Teig kneten. Teig zugedeckt 30 Minuten an einem warmen, zugfreien Ort gehen lassen.
3) Backblech einfetten. 12 Brötchen formen, kreuzweise einschneiden, mit Wasser bestreichen und mit Kürbiskernen bestreuen. Brötchen 10 Minuten gehen lassen und 30 Minuten bei 200° C knusprig backen.

Lasagne nach Peking Art

Die Lasagne – ein Lieblingsgericht der Italiener – präsentiert sich hier mal chinesisch: Für die köstliche Note dieses Rezepts sind nämlich die Bambusschösslinge aus der fernöstlichen Küche verantwortlich.

Für 4 – 6 Personen

16 Lasagne-Nudelplatten (ohne Vorkochen)

Für die Gemüsefüllung:
600 g Zucchini
600 g Flaschenkürbis oder Kürbis nach Wahl
500 g rote Paprika
2 – 3 EL Olivenöl
1½ TL gemahlener Kreuzkümmel
1½ TL gemahlener Koriander
1 TL Kurkuma
2 EL frisch geriebener Ingwer
200 g Tofu
300 g Bambusschösslinge (aus der Dose, Abtropfgewicht)
150 ml Gemüsebrühe bzw. Wasser
3 – 4 EL Sojasauce
1 TL Paprikapulver (edelsüß)
1 TL Zitronenpfeffer bzw. frisch gemahlener schwarzer Pfeffer
50 g frisch gehacktes Basilikum
300 g saure Sahne
1 TL Meersalz
150 g Mozzarella

Für die Kürbis-Rucola-Sauce:
500 g Kürbis (z. B. Hokkaido)
200 ml Wasser
100 g Rucola
1 EL Kürbiskern- bzw. Olivenöl
1 TL gemahlener Koriander
½ TL frisch geriebener Muskat
1 TL Zitronenpfeffer bzw. frisch gemahlener schwarzer Pfeffer

100 ml Sahne
50 g frisch gehacktes Basilikum
1 TL Meersalz

Außerdem:
50 g Mozzarella
etwas Oregano
etwas Olivenöl

So wird's gemacht:

1) Gemüse waschen. Zucchini in dünne Streifen schneiden. Flaschenkürbis bzw. Kürbis schälen und ebenfalls in dünne Streifen schneiden. Paprika nacheinander über einer Gasflamme rösten, bis die Schale rundherum schwarz und blättrig ist. Verwenden Sie zum Drehen eine Küchenzange. (Falls Sie keinen Gasherd besitzen, die Paprika im Backofen rösten.) Die schwarz geröstete Schale mit einem Messer abschaben, Paprika halbieren, entkernen und in kleine Würfel schneiden.
2) In einem großen Topf Olivenöl erhitzen und Kreuzkümmel, Koriander, Kurkuma und Ingwer darin für wenige Sekunden anrösten. Gleich den Kürbis und nach 3 – 4 Minuten auch die Zucchini dazugeben. Tofu in Würfel und Bambusschösslinge in dünne Stifte schneiden und dazugeben. Mit der Gemüsebrühe und der Sojasauce aufgießen. Das Gemüse abgedeckt etwa 10 Minuten köcheln lassen, bis es weich ist. Paprikawürfel, Paprikapulver, Zitronenpfeffer, Basilikum, saure Sahne und Salz dazugeben. Topf von der Flamme nehmen. 150 g Mozzarella in Würfel schneiden.

3) In der Zwischenzeit Kürbis-Rucola-Sauce zubereiten. Dazu Kürbis waschen, schälen, entkernen und in kleine Würfel schneiden. Mit etwa 200 ml Wasser ungefähr 10 Minuten weich kochen. Rucola waschen, trocken schütteln und sehr fein hacken. Kürbis pürieren bzw. durch ein feines Sieb streichen. Kürbiskern- bzw. Olivenöl in einem Topf erhitzen, Koriander, Muskat, Pfeffer und Rucola darin kurz anrösten und anschließend Kürbispüree sowie Sahne dazugießen. Mit Basilikum und Salz abrunden und 1 – 2 Minuten aufkochen lassen.
4) Eine große Lasagne-Auflaufform bzw. ein Backblech mit hohem Rand einfetten. Backofen auf 225° C vorheizen. Je nach Größe der Form etwa ein Viertel der Gemüsefüllung (mit viel Flüssigkeit) in der Form verteilen, mit einem Viertel des Mozzarella und darüber 4 Lasagneplatten belegen. Abwechselnd jeweils wieder ein Viertel von Gemüsefüllung, Mozzarella und Nudelplatten hineingeben, bis alle Zutaten verteilt sind.
5) Die letzte Schicht Lasagneplatten mit Kürbis-Rucola-Sauce bedecken. Noch 50 g in Scheiben geschnittenen Mozzarella darüber legen, mit etwas Oregano bestreuen und mit Olivenöl beträufeln.
6) Lasagne mit Alufolie bedecken und 45 – 50 Minuten backen, bis die Nudeln weich sind und die oberste Mozzarellaschicht goldbraun und knusprig ist.

Tipp: Wer diese Lasagne tiereiweißfrei (vegan) zubereiten möchte, lässt den Mozzarella einfach weg und ersetzt die Sahne bzw. saure Sahne durch 200 g Sojadrink.

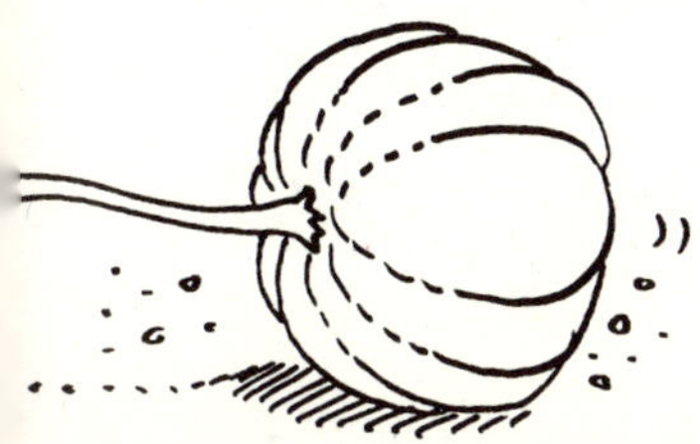

Die leckersten Nebensachen der Welt – Beilagen & Snacks

Kürbis-Karotten-Frikadellen

Eine gute Partie! Ob zu Reis, Salat oder einem Dip, ob als Burger oder einfach als Snack – diese Frikadellen schmecken immer. Worauf also noch warten?

Ergibt etwa 16 Stück

400 g Kürbis
400 g Karotten
100 g Weißkohl
1½ – 2 TL Meersalz
1½ EL frisch geriebener Ingwer
2 – 3 TL Curry (je nach Schärfe des Curry)
3 – 4 EL frisch gehackte Petersilie (oder Kräuter nach Wahl)
1 – 2 EL Zitronensaft
etwa 200 g Kichererbsenmehl (je nach Feuchtigkeit des Kürbis)
Fett zum Backen oder Frittieren

So wird's gemacht:

1) Gemüse waschen. Kürbis schälen und Kerne entfernen. Karotten, Kürbis und Kohl fein raspeln. Das Gemüse mit Salz, Ingwer, Gewürzen, Kräutern und Zitronensaft mischen und etwa 10 Minuten ziehen lassen.
2) Nun das Kichererbsenmehl über das Gemüse sieben und alles zu einem geschmeidigen Teig kneten. Die Frikadellen sollten nicht zu trocken, aber auch nicht zu feucht sein.
3) Zum Abschluss die Frikadellen in einer Pfanne mit heißem Pflanzenöl bzw. Butterschmalz goldbraun braten oder in einem Topf mit heißem Fett frittieren.

Gemüsereis mit Kürbis

Gelb, grün, rot und orange. Bei diesem Reisgericht können Sie beliebig aus der bunten Farbenvielfalt der Natur schöpfen. Dabei dürfen natürlich auch die grünen Perlen, die Erbsen, nicht fehlen – übrigens schon eine Leibspeise unserer germanischen Ahnen.

Für 4 Personen

225 g Basmatireis
600 g Kürbis (vorzugsweise Flaschenkürbis)
50 g frische Erbsen
150 g Spinat oder Wildkräuter
(z. B. Brennnessel, Giersch, Gartenmelde)
2 Tomaten
2 EL Olivenöl oder Butter
1 TL Schwarzkümmel (ersatzweise Kreuzkümmel)
1 EL frisch geriebener Ingwer
2 TL Kurkuma (ersatzweise Curry)
500 ml Wasser
1½ TL frisch gemahlener schwarzer Pfeffer
1 TL Meersalz
Kräuter der Provence
Zitronensaft und eventuell Olivenöl zum Beträufeln

So wird's gemacht:

1) Basmatireis waschen und in Wasser einweichen. In der Zwischenzeit (Flaschen-)Kürbis schälen, eventuell entkernen und in Würfel schneiden. (Die Kerne des Flaschenkürbis sind weich und können mitgekocht werden; sie erinnern im Geschmack an Sonnenblumenkerne.) Frische Erbsen schälen. Spinat bzw. Wildkräuter waschen und fein hacken, Tomaten waschen, halbieren und Stielansatz entfernen. Reis abtropfen lassen.
2) In einem Topf Olivenöl bzw. Butter erhitzen, Schwarzkümmel etwa 30 Sekunden anrösten, dann Ingwer und Kürbis dazugeben und 4 – 5 Minuten rösten. Reis und Kurkuma hinzugeben und anbraten, bis der Reis leicht glasig ist. Dabei immer wieder umrühren. Mit Wasser ablöschen. Spinat und Erbsen hinzufügen und umrühren. Tomatenhälften mit den Schnittflächen nach oben auf den Reis legen.
3) Gemüsereis zugedeckt auf mittlerer Flamme 12 – 15 Minuten kochen, bis Reis und Gemüse gar sind. Tomaten herausnehmen. Pfeffer und Salz unter den fertigen Reis heben. Tomaten schälen und die Tomatenhälften mit Kräutern der Provence bestreut als Dekoration über jede Portion Reis legen. Reis mit Zitronensaft und falls erwünscht mit etwas Olivenöl beträufeln.

Tipp: Servieren Sie zu diesem Gericht grünen Spargelsalat mit Kürbis (s. Seite 153) oder Kürbisraita (s. Seite 152) und Sie haben ein leckeres und leichtes Mittagessen rund um den Kürbis.

Kürbis-Kartoffel-Kroketten mit Kokos

Mal so richtig schlemmen. Neben Kürbis und Kartoffeln hat auch die Kokosnuss einiges zu bieten: Kohlenhydrate, Proteine, Vitamin E und Vitamine des B-Komplexes sowie Mineralien und wertvolle Spurenelemente. In diesem Rezept wird sie mit Tapioka, den weißen Stärkekügelchen aus der tropischen Maniokwurzel, kombiniert. Dieser wundervollen Gaumen-Kreation werden weder Ihre Gäste noch Sie selbst widerstehen können.

Für 45 Kroketten

500 g Kürbis
750 g Kartoffeln
125 ml Wasser
150 g Tapioka (siehe Tipp) oder Sago
150 g Kokosflocken
50 g Kartoffelmehl
1 TL frisch gemahlener schwarzer Pfeffer
¾ TL Muskat
2 TL Meersalz
150 g Kokosflocken
Sonnenblumenöl bzw. Butterschmalz

So wird's gemacht:

1) Kürbis und Kartoffeln waschen, schälen und den Kürbis entkernen. Jeweils in kleine Würfel schneiden und in einem Topf mit Wasser abgedeckt 10 – 15 Minuten weich kochen.
2) Kartoffel-Kürbis-Masse zu Brei zerstampfen, mit Tapioka bzw. Sago, Kokosflocken, Kartoffelmehl, Gewürzen und Salz mischen und zu Bällchen bzw. länglichen Kroketten formen. Auf einen Teller 150 g Kokosflocken geben und die Bällchen bzw. Kroketten darin wälzen. In heißem Öl bzw. Butterschmalz goldbraun und knusprig frittieren.

Tipp: Diese Kroketten bzw. Bällchen sind eine köstliche Beilage zu Gemüsegerichten, aber auch mit pikantem Tomatenchutney ein willkommener Snack.
Tapioka, die sagoähnlichen Stärkekügelchen, werden übrigens aus der afrikanischen Maniokwurzel hergestellt. Sie bekommen sie in Naturkostläden und Reformhäusern.

Hirse mit Kürbis

Goldene Körner, die es in sich haben. Bei vielen Mineralien und Spurenelementen wie Eisen und Silicium ist die leckere und bekömmliche Hirse Spitzenklasse. Dazu kommen noch reichlich Lecithin, ungesättigte Fettsäuren, wichtige Eiweißbausteine und Vitamine der B-Gruppe. Hirse macht nicht nur schön, sondern auch kreativ und lustig.

Für 4 Personen

250 g Hirse
250 g Kürbis
40 g Rosinen
½ TL Kurkuma
1½ TL frisch geriebener Ingwer
800 ml Wasser
90 g geröstete Kürbiskerne bzw. Sonnenblumenkerne
1 TL Meersalz
1 – 2 EL Olivenöl
eventuell etwas Zitronensaft

So wird's gemacht:

1) Hirse waschen und – falls möglich – mindestens 1 Stunde in Wasser einweichen.
2) Kürbis waschen, schälen, entkernen und raspeln. Hirse noch einmal unter fließendem Wasser spülen und abtropfen lassen. Rosinen waschen und in warmem Wasser einweichen.
3) In einem Topf Hirse, Kürbisraspel, Kurkuma und Ingwer mit 800 ml Wasser aufkochen lassen und etwa 20 Minuten auf mittlerer Hitze zugedeckt köcheln lassen. Nach 15 Minuten Kochzeit die Rosinen abtropfen lassen, über die Hirse geben (ohne umzurühren) und weitere 5 Minuten mitkochen. Dann die Hirse 15 – 20 Minuten auf der abgestellten Herdplatte quellen lassen, den Topf dabei stets geschlossen halten.

4) In der Zwischenzeit etwa 40 g Kürbiskerne in einer Pfanne ohne Fett rösten, bis sie leicht gebräunt und etwas aufgebläht sind.
5) Salz und Olivenöl mit der Gabel unter die Hirse heben. Eventuell mit etwas Zitronensaft beträufeln.
6) Servieren Sie die Hirse mit einem Eisportionierer zu schönen Kugeln geformt und mit gerösteten Kürbiskernen bestreut.

Tipp: Hirse mit Kürbis ist eine ausgezeichnete Beilage zu Gemüsegerichten.
Dieses Rezept lässt sich beliebig variieren, sei es mit nur einem Gewürz oder mit mehreren wie Ingwerpulver, schwarzem Pfeffer, Cayennepfeffer, Curry, schwarzen Senfkörnern, Kreuzkümmel oder Garam Masala (indische Gewürzmischung). Oder aber Sie geben am Ende frische Petersilie, Basilikum oder Majoran dazu. Probieren Sie selbst!

Kürbis-Gnocchi in Salbeibutter

Pasta und Kürbis – warum nicht einmal beides zusammen! Kürbis-Gnocchi gehören zu den unzähligen Einfällen der Italiener, ihre Pasta abwechslungsreich zu gestalten. Bei einem original italienischen Rezept darf das besondere Aroma von frisch gehackten Salbeiblättern selbstverständlich nicht fehlen!

Für 4 – 6 Personen

800 g Kürbis
etwa 400 g Dinkelvollkornmehl
2 TL Meersalz
1 TL frisch gemahlener weißer Pfeffer
½ TL frisch geriebener Muskat
4 EL Wasser
50 g geschmolzene Butter (vegan: Pflanzenmargarine)
2 – 3 EL frisch gehackter Salbei

So wird's gemacht:

1) Kürbis waschen, schälen, entkernen und in grobe Stücke schneiden. In einer gefetteten Auflaufform mit Alufolie abgedeckt bei 220 – 250° C etwa 1 Stunde backen, bis der Kürbis weich ist. Kürbis etwas abkühlen lassen und zu Mus pürieren bzw. mit einer Gabel zerdrücken.
2) Kürbismus in einer Schüssel mit dem Dinkelvollkornmehl, 1 TL Salz, Pfeffer und Muskat zu einem weichen Teig verkneten. Je nach Feuchtigkeit des Kürbis kann die Mehlmenge etwas variieren. Kneten Sie jedoch nicht zu viel Mehl unter, da die Gnocchi sonst zu fest werden.
3) Einen großen Topf mit 4 l Wasser und 1 TL Salz zum Kochen bringen.

4) Eine Pfanne mit Butter bzw. Pflanzenmargarine und gehacktem Salbei auf kleiner Flamme vorwärmen. (Die gekochten Gnocchi kommen später zum Warmhalten in diese Pfanne.)
5) Den Teig mit den Händen oder zwei kleinen Löffeln zu Bällchen bzw. ovalen Gnocchi formen. Mit einer Gabel in der Mitte einkerben und in die typische Gnocchiform biegen. Gnocchi auf zwei große Teller oder ein Blech legen.
6) Sobald das Wasser im Topf kocht, jeweils ein Drittel der Gnocchi hineingeben. (Achten Sie darauf, dass das Wasser weiter sprudelnd kocht.) Wenn die Gnocchi zur Oberfläche aufgestiegen sind, noch 2 weitere Minuten kochen lassen. Anschließend mit einer Siebkelle aus dem Wasser holen, abtropfen lassen und zum Warmhalten in die warme Pfanne geben, bis alle Gnocchi gekocht sind.

Tipp: Mit einer Sauce wie Kürbiskern-Rucola-Sauce (s. Seite 166) und Salat serviert, sind Kürbis-Gnocchi unwiderstehlich. Ganz besonders lecker schmeckt dazu auch eine Kürbis-Orangen-Sauce (s. Seite 169).

Kürbis-Kartoffel-Rösti

Kartoffeln gehören auf den Teller, nicht in den Keller. Und zwar so natürlich wie möglich, dann glänzen sie mit Vitamin B und C, zahlreichen Mineralstoffen und Spurenelementen. Hier präsentieren sich unsere beiden Küchen-Allroundkünstler als Schweizer Rösti-Kreation.

Für etwa 12 kleine Rösti

550 g Kartoffeln
250 g Kürbis
2 EL Sonnenblumenkerne
1 – 2 TL Meersalz
1 Prise geriebene Muskatnuss
¼ TL frisch gemahlener schwarzer Pfeffer
2 TL Kräuter der Provence
Sonnenblumenöl bzw. Butterschmalz

So wird's gemacht:

1) 350 g Kartoffeln mit Schale waschen und halb gar kochen.
2) Kürbis und die restlichen 200 g Kartoffeln waschen, schälen und grob raspeln. Sonnenblumenkerne in einer Pfanne ohne Fett goldbraun rösten. Die halb gar gekochten Kartoffeln schälen und nach dem Abkühlen ebenfalls raspeln.
3) Gewürze, Kräuter und Sonnenblumenkerne unter die Kürbis-Kartoffel-Mischung geben und alles gut vermengen. Etwa 10 Minuten ziehen lassen.
4) In einer Pfanne mit heißem Sonnenblumenöl bzw. Butterschmalz etwa 12 kleine Rösti braten.

Tipp: Zusammen mit einem Gemüsegericht oder Salat (wie z. B. Brokkoli-Kürbis-Artischocken-Salat Seite 154) haben Sie eine leckere und leichte Mahlzeit.

Kürbis-Pakoras
(Kürbisschnitze im Teigmantel)

In aller Munde. Ob Party, Einladung oder Sommerfest, Kürbis-Pakoras – frittierte Kürbisschnitze auf indische Art – sind immer eine willkommene und leckere Überraschung. Der besondere Clou liegt in den verwendeten Gewürzen, die nicht nur die Verdauung anregen, sondern auch, wie Koriander, den Durst stillen oder, wie Kurkuma, Energie verleihen.

Für 6 Personen

700 g Kürbis
250 g Kichererbsenmehl
½ – 1 TL Cayennepfeffer
2 TL gemahlener Koriander
2 TL Kurkuma
½ TL Asafoetida (kann entfallen)
½ TL Muskat
3 EL Schwarzkümmel oder Sesam
2 TL Meersalz
300 – 350 ml Wasser
Sonnenblumenöl bzw. Butterschmalz

So wird's gemacht:

1) Kürbis waschen, schälen, entkernen und in längliche dünne Schnitze schneiden.
2) Kichererbsenmehl in eine Schüssel sieben und mit Gewürzen, Salz und Wasser zu einem flüssigen Teig verrühren (die Konsistenz sollte wie Pfannkuchenteig sein). Wenn der Teig nach einiger Zeit etwas zu dick geworden ist, noch ein wenig Wasser hinzufügen.
3) Nun die Schnitze in den Kichererbsenmehlteig tauchen und in heißem Öl bzw. Butterschmalz goldbraun frittieren. Anschließend abtropfen lassen und auf ein Küchenkrepp legen.

Tipp: Zu den dampfend heißen Pakoras servieren Sie am besten einen Dip oder Tomatenchutney.

Gemüsepfannkuchen

Ob als Frühstück an einem hektischen Samstag oder als später Imbiss nach einem Kinobesuch mit Freunden. Wann immer Sie einen Stapel dieser kleinen, pikanten Pfannkuchen servieren, werden Ihre Gäste begeistert sein. Und das Beste kommt noch: Die Füllung ist bei diesen kleinen Pfannkuchen gleich im Teig versteckt.

Für 12 kleine Pfannkuchen

200 g Kürbis
100 g Karotten
1 TL Meersalz
100 g Tomaten
1 frische grüne Chili
175 g Dinkelvollkornmehl
125 g Kichererbsenmehl
2 – 2½ TL Curry (je nach Sorte und Schärfe)
3 EL Sesam
1 TL schwarze Senfsamen (falls vorhanden)
½ TL Meersalz
etwa 500 ml Wasser
3 – 4 EL frisch gehackte Korianderblätter (bzw. Basilikum)
Olivenöl zum Braten

So wird's gemacht:

1) Gemüse waschen. Kürbis schälen und entkernen. Karotte und Kürbis in eine Schüssel raspeln und mit Salz mischen. Die Haut der Tomaten mit einem scharfen Messer entfernen und Tomaten in dünne Streifchen schneiden. Chili entkernen und klein schneiden.
2) Dinkel- und Kichererbsenmehl in einer Schüssel mit Curry, Sesam, Senfsamen, Salz und Wasser zu einem flüssigen Pfannkuchenteig verrühren. Gemüse und gehackte Kräuter dazugeben und etwa 10 Minuten ruhen lassen. Falls der Teig zu dickflüssig geworden ist, noch etwas Wasser hinzufügen.
3) In einer Pfanne mit Öl kleine Pfannkuchen ausbacken.

Tipp: Wir empfehlen Ihnen zu diesen Pfannkuchen einen Kürbis-Sesam-Dip (Seite 167) oder Kürbis-Raita (Seite 152).

Kürbis-Kartoffel-Schnecken

Goldrichtig. Ob zu Party, Grillfest, Picknick oder auch zu einem mehrgängigen Menü – dieser leckere Snack passt immer. Hier verraten wir Ihnen drei verschiedene Zubereitungsarten: Fettarm und gesund aus dem Backofen, in der Pfanne gebraten oder zum Schlemmen frittiert.

Für 28 Schnecken

Für den Teig:
500 g Dinkelvollkornmehl
3 EL geschmolzene Butter bzw. Olivenöl
250 ml warmes Wasser
2 EL Zitronensaft
1½ TL Meersalz
1 TL Ingwerpulver
1 TL Kurkuma
1 TL Paprikapulver

Für die Kürbis-Kartoffel-Füllung:
500 g Kartoffeln
400 g Kürbis
2 – 3 EL Olivenöl
1½ TL Kreuzkümmel
1½ EL frisch geriebener Ingwer
2 TL gemahlener Koriander
1 TL Kurkuma
½ TL Asafoetida (kann entfallen)
125 ml Wasser
100 ml Sahne
1½ TL Meersalz
1 TL frisch gemahlener weißer Pfeffer
1 EL Zitronensaft
4 – 5 EL frisch gehackter Dill
etwa 50 g Butter bzw. 3 EL Olivenöl zum Bestreichen
etwas Muskat zum Bestreuen
Fett für das Blech, zum Braten oder Frittieren

So wird's gemacht:

1) Kartoffeln waschen und als Pellkartoffeln kochen.
2) Alle Zutaten für den Teig in einer Schüssel mischen und kräftig zu einem elastischen Teig kneten. Teig zugedeckt ruhen lassen, während die Füllung zubereitet wird.
3) Kürbis waschen, schälen, Kerne entfernen und das Fruchtfleisch fein raspeln. In einem Topf Öl erhitzen und den Kreuzkümmel 30 Sekunden goldbraun rösten. Ingwer, Koriander, Kurkuma, eventuell Asafoetida und einige Sekunden später die Kürbisraspel dazugeben. Nach 4 – 5 Minuten mit Wasser und Sahne aufgießen und auf kleiner Flamme noch weitere 3 – 4 Minuten köcheln lassen.
4) In der Zwischenzeit die gekochten und abgekühlten Kartoffeln schälen und durch eine Kartoffelpresse bzw. mit einer Gabel zu Püree drücken. Kartoffelpüree, Salz, Pfeffer, Zitronensaft und Dill unter die Kürbisraspel rühren und abkühlen lassen.
5) Teig noch einmal kräftig durchkneten und zu einem Rechteck von etwa 30 × 60 cm Größe dünn ausrollen. Die Teigplatte mit geschmolzener Butter bzw. Öl bestreichen und die Füllung darüber verteilen. Die Füllung mit etwas Muskat bestreuen und die Teigplatte von der Längsseite her zu einer Rolle aufrollen. Mit einem scharfen Messer in 25 – 28 Scheiben schneiden.
6) Die Schnecken je nach Wunsch zubereiten:

- *Backen:* auf einem gefetteten Blech bei 200° C 25 – 30 Minuten lang goldbraun backen. Damit die Schnecken nicht zu trocken werden, vor dem Backen mit Öl bzw. Butter bestreichen.
- *Braten:* Mit etwas Öl goldbraun braten (nach 4 – 5 Minuten wenden).
- *Frittieren:* Schnecken in heißem Öl bzw. Butterschmalz etwa 4 – 5 Minuten frittieren.

Tipp: In ihrem Ursprungsland, in Indien, serviert man die Kürbis-Kartoffel-Schnecken übrigens dampfend heiß zu einem Chutney, z. B. zu frischem Koriander- oder Kokoschutney.

Gefüllte Kürbisblüten

Ouvertüre für Genießer. Die gelblichen Kürbisblüten in der Küche zu verwerten, dürfte hierzulande noch relativ neu sein. Das war jedoch nicht immer so. Noch in ganz normalen Kochbüchern des 19. Jahrhunderts fanden sich Rezepte für die Blüten verschiedenster Pflanzen. Auch für unsere Gesundheit sind diese Blütenköstlichkeiten zu empfehlen; u. a. stärken sie das Abwehrsystem, bekämpfen gefährliche Zellgifte und bringen gute Laune.

Für 4 Personen

20 – 25 Kürbisblüten

Für die Füllung:
Frischkäse aus 1,5 l Milch und Saft einer Zitrone oder 125 g Doppelrahm-Frischkäse
1 EL Olivenöl
3 EL frisch gehacktes Basilikum
1 EL frisch gehackter Majoran
1 EL frisch gehackter Thymian
4 Ringelblumen-Blüten
1 Prise Muskat
¾ TL frisch gemahlener schwarzer Pfeffer
½ TL Meersalz

Für den Teig:
20 – 25 Kürbisblüten
1 – 2 EL Sesam
150 g Kichererbsenmehl
½ TL Paprikapulver
½ TL Kurkuma
½ TL gemahlener Koriander
¼ TL Asafoetida
¾ TL Meersalz
etwa 200 ml Wasser
4 Ringelblumen-Blüten
Olivenöl zum Braten

So wird's gemacht:

1) Weichen Frischkäse herstellen (genaue Anleitung s. Seite 43).
2) Kürbisblüten vorsichtig waschen, abtropfen lassen und trocken schütteln. Sesam in einer Pfanne ohne Fett goldbraun rösten.
3) Kichererbsenmehl in eine Schüssel sieben und mit Gewürzen, Salz und Wasser zu einem pfannkuchenartigen Teig verrühren. Ringelblumen waschen, trocken schütteln, die Blütenblätter von 4 Blumen abzupfen und zusammen mit dem Sesam in den Teig rühren.
4) Frischkäse aus dem Käsetuch in eine Schüssel geben. Mit den abgezupften Ringelblumen-Blüten und den restlichen Zutaten für die Füllung vermischen.
5) Olivenöl in der Pfanne erhitzen. Kürbisblüten jeweils mit 1 – 2 TL Frischkäse füllen. In den Teig tauchen, abtropfen lassen und goldbraun ausbacken. Die gebratenen Kürbisblüten auf einen Teller mit Küchenpapier legen, damit überschüssiges Fett aufgesogen wird. Warm servieren.

Tipp: Wer einen Gartens hat oder aber freundliche Gartenbesitzer kennt, kann hier nach Herzenslust genießen. Übrigens können Sie die Kürbisblüten auch durch Zucchiniblüten ersetzen.
Dieser leckere Snack passt hervorragend zu einem Dip oder als Beilage zu gedünstetem Gemüse und duftendem Basmatireis.

Vegan-Tipp: Füllung mit Tofu

Nehmen Sie statt Frischkäse einfach 200 – 250 g weichen Tofu. Pürieren oder zerdrücken Sie ihn mit einer Gabel, braten Sie ihn goldbraun an und würzen Sie ihn anschließend mit den restlichen Zutaten. Geben Sie noch ½ TL frisch geriebenen Ingwer hinzu, das hilft, den Tofu besser zu verdauen.

Gefüllte Bittermelone

Der gesunde Exot. Bittermelonen – auch Karela genannt – zaubern eine zartbittere Geschmacksnuance auf unseren Esstisch. Und nicht nur das, sie regen den Appetit an, fördern die Verdauung, reinigen das Blut und helfen bei Übergewicht. Fragen Sie einmal in indischen bzw. asiatischen Geschäften oder Gemüsegeschäften mit exotischer Auswahl nach Bittermelonen, sonst werden Sie vielleicht nie wissen, was Ihnen entgeht.

Für 4 – 8 Personen (für Neulinge 1 – 1½ Stück, für Karela-Fans 3 Stück pro Person)

12 Bittermelonen (etwa 400 – 500 g)
3,5 l Wasser
1½ TL Salz

Für die Füllung:
100 g Basmatireis
½ TL Meersalz
200 ml Wasser
1 l Milch für selbst gemachten Frischkäse und Saft einer Zitrone oder 150 g Feta bzw. weicher Tofu
50 g Karotten
30 g Erdnüsse
1 – 2 EL Olivenöl
1½ TL gemahlener Koriander
1 TL Kurkuma
2 – 3 EL frisch gehackte Korianderblätter (bzw. Petersilie)
1 TL Meersalz
1 TL frisch gemahlener schwarzer Pfeffer

Außerdem:
Nähgarn zum Zusammenbinden
Sonnenblumenöl bzw. Butterschmalz zum Frittieren
Zitronensaft zum Beträufeln

So wird's gemacht:

1) Bittermelonen waschen, die grüne Schale mit einem Sparschäler oder einem scharfen Messer abschälen und die kleinen Schalenstückchen auf einem Tuch in der Sonne oder vor der Heizung trocknen. (Weitere Verwendung s. a. Geheimtipp Seite 39)
2) Geschälte Bittermelonen der Länge nach aufschlitzen und mit einem Melonenlöffel oder einem Messer entkernen. Bittermelonen unter fließendem Wasser waschen und in einen Topf mit 2 l Wasser und 1½ TL Salz mindestens 30 Minuten (besser 1 Stunde) einlegen. Anschließend mit Wasser spülen.
3) In der Zwischenzeit den Basmatireis waschen und mit ½ TL Salz in 200 ml Wasser für 10 – 12 Minuten kochen. Frischkäse zubereiten (genaue Anleitung s. Seite 43) bzw. den Feta oder Tofu pürieren.
4) Bittermelonen in einem Topf mit 1,5 l Salzwasser für 10 Minuten halb gar kochen. Karotten in sehr feine Stifte schneiden. Erdnüsse hacken und rösten.
5) 1 – 2 EL Olivenöl in einem Topf erhitzen, Korianderpulver, Kurkuma und Karottenstifte 3 Minuten anrösten. Dann den in kleine Stücke zerbröselten Frischkäse bzw. den pürierten Tofu oder Feta hinzufügen und für einige weitere Minuten anbraten. Gekochten Reis, Erdnüsse, gehackten frischen Koriander, Salz und Pfeffer unterheben und beiseite stellen. (Füllung zugedeckt warm halten, denn die restliche Füllung wird später dazu serviert.)
6) Bittermelonen aus dem Kochwasser nehmen, abwaschen und trocken tupfen. In jede Bittermelone etwa 2 TL Reisfüllung geben, die Schnittstellen so zusammendrücken, dass keine Füllung mehr zu sehen ist und mit Nähgarn 5 – 6-mal umwickeln.
7) In einem Topf oder einem Wok Öl bzw. Butterschmalz erhitzen und die Bittermelonen frittieren, bis sie goldbraun sind. Anschließend abtropfen lassen und auf ein Küchenpapier legen, damit das überschüssige Fett aufgesaugt wird. Nähgarn vorsichtig abwickeln.
8) Bittermelonen mit Zitronensaft beträufeln und zusammen mit der restlichen Füllung servieren.

Tipp: Reichen Sie zu gefüllten Bittermelonen einen Dip bzw. Kürbis-Raita (s. Seite 152).
Lesen Sie auch den Geheimtipp auf Seite 39.

Knusprige Bittermelonen-Chips

Die kleinen Appetizer. Langsam, aber sicher wächst der Fanclub der kleinen, knusprigen und leicht scharfen Bittermelonen-Ringe auch bei uns. Denn Karela, oder chinesische Bittermelonen, regen nicht nur den Appetit an, sondern sind mit ihrer blutreinigenden Wirkung auch für unser Immunsystem wie Medizin.

Für 4 Personen (als Beilage)

2 – 4 Bittermelonen (Karelas)
etwas Sonnenblumenöl bzw. Butterschmalz
etwa ¼ TL Kurkuma
1 Prise Cayennepfeffer
etwa ¼ TL Meersalz

So wird's gemacht:

1) Bittermelone waschen, der Länge nach aufschneiden und Kerne entfernen. Anschließend in dünne Ringe schneiden.
2) In einer Pfanne bzw. einem Topf mit etwas Sonnenblumenöl bzw. Butterschmalz knusprig braten und mit den Gewürzen nach Belieben vermengen.

Tipp: Angebratene Bittermelonenringe sind vorzügliche Appetitanreger und schmecken köstlich z. B. zu Basmatireis mit etwas Zitronensaft.

Frisch und munter – Salate rund um den Kürbis

Kürbis-Raita

Wenn es schnell gehen soll – Kürbis-Raita macht's möglich. Und Gesundheit gibt's noch gratis dazu. Denn Joghurt besitzt bis auf den Milchzucker etwa die gleichen Inhaltsstoffe wie die Milch – und natürlich die Milchsäurebakterien. Insbesondere diese sorgen dafür, dass Joghurt den Körper stärkt, Krankheitsbeschwerden lindert und das Leben verlängert.

Für 4 Personen

500 g Kürbis
1½ TL Kreuzkümmel
500 g Joghurt
½ TL frisch gemahlener schwarzer Pfeffer
eventuell 1 Prise Cayennepfeffer
1 TL Meersalz
¼ TL Mineralsalz (Black Salt bzw. Kala Namak; siehe Tipp)

So wird's gemacht:

1) Kürbis waschen, schälen, entkernen und in Würfel schneiden.
2) Kürbis in einem Topf mit etwas Wasser dünsten, bis er gar ist (5 – 8 Minuten).
3) Kreuzkümmel in einer Pfanne (ohne Fett) rösten. Joghurt mit den Kürbiswürfeln pürieren, Gewürze und Salz dazugeben und in kleinen Schüsselchen servieren.

Tipp: Mit gerösteten und gehackten grünen Kürbiskernen bestreut, ist Raita nicht nur eine Freude für die Augen, sondern auch für den Gaumen. Servieren Sie Kürbis-Raita zu Reis und Gemüsegerichten oder zu Gemüsepfannkuchen (Seite 142).
Mineralsalz bekommen Sie im indischen Lebensmittelgeschäft oder Gewürzversand unter dem Namen Black Salt oder Kala Namak. (In Nuancen ist es auch ideal zum Würzen von pikanten Gerichten, Brotaufstrichen und Quark.)

Grüner Spargelsalat mit Kürbis

Mit allen Sinnen genießen. Dieses Rezept ist nicht nur für das Auge einladend, sondern auch verführerisch für den Gaumen und von einem unwiderstehlichen Duft. Genau das Richtige für Gourmets, die das Aroma milder Speisen schätzen.

Für 4 Personen

750 g grüner Spargel
300 g Kürbis (z. B. Acorn, Hokkaido, Potimarron)
1 Dose Artischockenherzen (Abtropfgewicht 240 g)

Für das Dressing:
50 g Rucola
2 EL Kürbiskernöl
4 EL Olivenöl
3 – 4 EL Zitronensaft
6 – 7 EL Joghurt oder Buttermilch
1 TL Meersalz
1½ TL Zitronenpfeffer bzw. frisch gemahlener schwarzer Pfeffer

So wird's gemacht:

1) Spargel waschen. Die holzigen Enden abschneiden, das unterste Drittel schälen und die Spargelstangen in 5 – 6 cm lange Stücke schneiden. In einem Topf mit etwas Wasser 8 – 10 Minuten kochen. Kürbis waschen, schälen, entkernen und in feine, streichholzartige Stiftchen raspeln. Artischockenherzen in Scheiben schneiden.
2) Rucola fein hacken. Alle Zutaten für das Dressing in einer kleinen Schüssel verrühren. Falls das Dressing zu dickflüssig wird, mit etwas Spargelwasser verrühren. (Das restliche Spargelwasser für Suppen etc. verwenden.)
3) Kürbis mit dem Dressing vermischen und etwa 10 Minuten ziehen lassen. Kurz vor dem Servieren vorsichtig den Spargel und die Artischockenherzen unterheben.

Brokkoli-Kürbis-Artischocken Salat

Essbare Ufos. Ihrem Aussehen nach könnten die kleinen, bunten Mini-Patissons »Patty Pan« fast einem Science-Fiction-Film entstammen. Sie haben einen Durchmesser von 5 – 6 cm und schmecken gedämpft so lecker wie Artischockenherzen. Falls Sie keine Mini-Patissons bekommen können, tut es auch ein größeres Exemplar der Patissonfamilie.

Für 4 – 6 Personen

750 g Brokkoli
600 g Mini-Patisson »Patty Pan«
oder 1 – 2 kleine Patissonkürbisse (600 g Bruttogewicht)
1 Dose Artischockenherzen (Abtropfgewicht 240 g)
200 g Feta (kann auch entfallen)

Für das Zitronendressing:
3 – 4 EL Zitronensaft
6 – 7 EL Olivenöl
½ – 1 TL Meersalz
½ TL frisch gemahlener schwarzer Pfeffer
1 – 2 EL frische Oreganoblätter
eventuell 1 EL hauchdünne Streifchen von der Schale einer unbehandelten Zitrone

So wird's gemacht:

1) Brokkoli waschen und in kleine Röschen schneiden, den Stiel schälen und in kleine Stifte schneiden. Die Mini-Patisson Kürbisse waschen. Beide Gemüsesorten getrennt in etwas Salzwasser in wenigen Minuten bissfest kochen. (Falls Sie nur etwas größere Patissons bekommen, diese im Ganzen kochen und dann in Stücke schneiden. Die Schale und die zarten Kerne können mitverzehrt werden.)
2) Artischocken aus der Dose nehmen, abtropfen lassen und halbieren.
3) Zitronensaft, Öl, Salz und Pfeffer in einer Tasse verrühren. Das Gemüse auf einer schönen, großen Platte anrichten. Falls erwünscht, Feta in dünne Streifen schneiden und dazugeben. Den Salat mit Dressing beträufeln und mit frischen, gewaschenen Oreganoblättern und eventuell mit den Zitronenstreifchen bestreuen.

Tipp: Zu diesem warmen Salat passt hervorragend Quinoa (gekocht wie Reis) oder auch ein Fladenbrot (z. B. Focaccia mit Kürbis, s. Seite 114).
Mit einem Zestenmesser (in guten Haushaltsgeschäften erhältlich) können Sie von einer unbehandelten Zitrone hauchdünne Streifchen zu einer schmackhaften Dekoration abschälen und über den Salat streuen.

Kürbis-Karotten-Salat

Die Auswahl an Salaten ist auch hierzulande unglaublich groß geworden. Dieses Rezept ist ideal für die Wintermonate, wenn Vitamine und Blut bildendes Chlorophyll Mangelware sind. Seinen besonderen Pfiff erhält dieser Salat durch die grünen Kürbiskernsprossen.

Für 4 Personen

3 – 4 EL grüne Kürbiskernsprossen
(aus 1 – 2 EL Kürbiskernen, 4 – 5 Tage vorher gekeimt)
250 g Kürbis (z. B. Hokkaido, Acorn oder Muskatkürbis)
250 g Karotten
200 – 250 g Äpfel

Für das Dressing:
2 EL Zitronensaft
2 EL Walnussöl
2 – 3 EL Ahornsirup
1 TL frisch geriebener Ingwer
½ – ¾ TL Meersalz
1 TL frisch gemahlener schwarzer Pfeffer
4 EL frisch gehackter Dill

So wird's gemacht:

1) Kürbiskerne 4 – 5 Tage vorher in der Keimbox oder einem Einmachglas keimen lassen. Dazu die Kerne anfangs 8 Stunden in Wasser einweichen und später zweimal täglich mit frischem Wasser spülen.
2) Gemüse und Äpfel waschen. Kürbis schälen, entkernen und ebenso wie die Karotten in feine längliche Stifte raffeln. Äpfel schälen und fein reiben.
3) Alle Zutaten für das Dressing mischen und unter den Salat heben. Abschließend noch mit den Kürbiskernsprossen bestreuen.

Tipp: Übrigens schmecken auch die Keimlinge aus Sonnenblumenkernen sehr gut. Wichtig ist dabei, dass sie ebenso wie die Kürbiskerne aus biologischem Anbau stammen. Sollten Sie keine Sprossen zur Hand haben, tun es auch geröstete und gehackte grüne Kürbiskerne bzw. Sonnenblumenkerne.

Gurkensalat mit Flaschenkürbis

Für den schnellen Hunger. Der hellgrüne Flaschenkürbis, der die Form einer großen Zucchini hat, wird auch bei uns immer beliebter. Geerntet wird er, wenn er noch klein ist (15 – 20 cm lang). Dann ist er knackig-fest, kernlos und besitzt eine zarte Haut, die man nicht schälen muss. Ist der Flaschenkürbis älter und länger (30 – 35 cm), müssen die etwas festere Schale und je nach Größe auch die Kerne entfernt werden. Geschmacklich ist Flaschenkürbis mindestens ebenso reizvoll wie Zucchini.

Für 4 Personen

400 g Salatgurke
300 g Flaschenkürbis
2½ TL Kreuzkümmel
1 TL frisch gemahlener schwarzer Pfeffer
500 – 600 g Joghurt
1 TL Meersalz
1 EL getrockneter Dill bzw. 3 EL gehackter frischer Dill

So wird's gemacht:

1) Gurke und Flaschenkürbis waschen, schälen und raspeln.
2) Kreuzkümmel trocken rösten und gemeinsam mit dem Pfeffer in einem Mörser grob zerstoßen bzw. in einer Kaffeemühle mahlen.
3) Joghurt, Gewürze und Dill unter das Gemüse rühren und servieren.

Tipp: Dazu noch Kürbiskernbrötchen (Seite 126) und Sie haben eine leckere Sommermahlzeit.
Fragen Sie in indischen und türkischen Gemüsegeschäften nach Flaschenkürbis, der auch Louki genannt wird.

Kürbis-Kartoffel-Salat

Kartoffelsalat einmal anders. Ob bei einem Picknick, einem Grillfest, einer Party oder einfach so, dieser saftige Salat ist immer eine beliebte Erfrischung. Und gesund obendrein, denn neben dem Kürbis strotzen auch Erbsen und Kartoffeln nur so vor Vitaminen und Mineralstoffen.

Für 4 Personen

100 g gepresster selbst gemachter Frischkäse (aus 1 l Milch) bzw. Tofu oder Feta (kann auch entfallen)
500 g Kartoffeln
700 g Kürbis
150 g frische Erbsen
1 Salatgurke
etwas Gemüsekochwasser oder Buttermilch

Für die Salatsauce:
6 EL Olivenöl
4 – 5 EL Zitronensaft
100 g Buttermilch oder Joghurt
1½ EL frisch geriebener Ingwer
2 TL frisch gemahlener schwarzer Pfeffer
1½ TL Meersalz
4 – 5 EL gehackte frische Kräuter (z. B. Basilikum, Petersilie oder Dill)

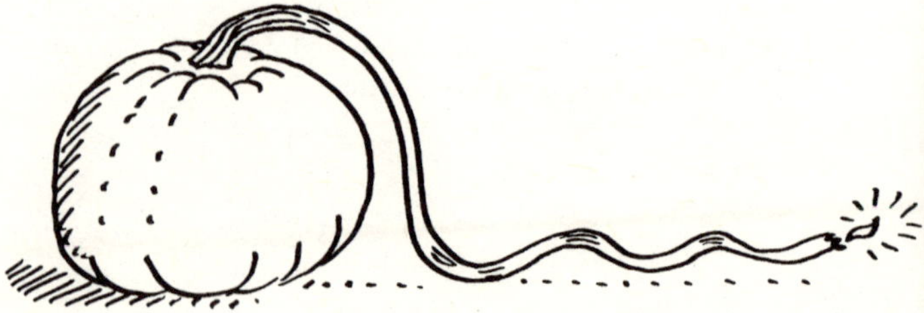

So wird's gemacht:

1) Gepressten Frischkäse herstellen (genauere Anleitung Seite 43) und in kleine Würfel schneiden. (Falls Sie Tofuwürfel verwenden möchten, braten Sie diese in etwas Öl mit verdauungsanregenden Gewürzen an wie z. B. einer Curry-Mischung.)
2) Kartoffeln waschen und mit Schale gar kochen. Kürbis waschen, schälen, entkernen und in dünne Streifen schneiden. Kürbisstreifen mit etwas Wasser in einem zweiten Topf für nur wenige Minuten dünsten, bis sie weich sind. In der Zwischenzeit Erbsen schälen, waschen und in einem dritten Topf in etwas Wasser 5 – 8 Minuten dünsten, bis sie gar sind.
3) Gar gekochte Kürbisstreifen und Erbsen in einem Sieb abtropfen lassen (Kochwasser aufheben). Gurke waschen, schälen und in dünne Scheiben schneiden.
4) Alle Zutaten für die Salatsauce in einer großen Schüssel verrühren und mit Gurkenscheiben, Kürbisstreifen und Erbsen mischen.
5) Kartoffeln schälen, in dünne Scheiben schneiden und mit den Feta- bzw. Tofuwürfeln unter den Salat heben. Den fertigen Salat noch etwa 20 Minuten ziehen lassen. Vor dem Servieren eventuell noch etwas Gemüsekochwasser bzw. Buttermilch zugeben, falls der Salat zu viel Flüssigkeit aufgesogen hat.

Tipp: An Stelle der frischen Erbsen machen sich auch Oliven gut. Und angebratene und gewürzte Tofuwürfel oder Feta sind ein delikater Ersatz für den Frischkäse.

Bunter Nudelsalat mit Kürbis

Nach Lust und Laune. Ihrer Phantasie sind bei der Zusammenstellung von Salaten keine Grenzen gesetzt. Diesem Salatdressing geben gemahlene schwarze Senfsamen den letzten Pfiff – ideal für ein Salatbüfett, Picknick, Grillfest, eine Radtour oder fürs Büro.

Für 6 Personen

400 g Dinkelvollkornnudeln
500 g Kürbis
200 g Blumenkohl
250 g grüne Bohnen
250 g Karotten
2 EL Olivenöl
1½ EL frisch geriebener Ingwer
1 TL Kurkuma
½ TL Asafoetida (kann entfallen)
75 ml Wasser

Für das Salatdressing:
2½ TL schwarze Senfsamen
200 g Joghurt (vegan: 200 g Sojajoghurt; kann auch entfallen)
4 – 5 EL Olivenöl
3 – 4 EL Zitronensaft
2 TL frisch gemahlener schwarzer Pfeffer
1½ – 2 TL Meersalz
50 g grüne Oliven
4 – 5 EL frisch gehacktes Basilikum (oder Kräuter nach Wahl)
eventuell etwas Gemüsekochwasser

So wird's gemacht:

1) Nudeln in Salzwasser kochen (Kochzeit siehe Packungshinweis). Gekochte Nudeln mit reichlich kaltem Wasser spülen und abtropfen lassen.
2) Kürbis waschen, schälen, entkernen und in dünne Streifen schneiden. In einem Topf mit etwas Wasser 4 – 5 Minuten kochen und abtropfen lassen (das Kochwasser für die Salatsauce aufheben). In der Zwischenzeit Blumenkohl waschen, in kleine Röschen schneiden, ebenfalls in etwas Wasser dünsten und abtropfen lassen (auch hier das Wasser aufheben).
3) Bohnen und Karotten waschen. Die Stielenden der grünen Bohnen entfernen und Bohnen schräg in 2 cm lange Stückchen schneiden. Karotten in dünne Stifte schneiden.
4) Olivenöl in einer Pfanne erhitzen, zuerst Ingwer, Kurkuma und eventuell Asafoetida einige Sekunden und anschließend die Bohnen weitere 3 – 4 Minuten anrösten. Karottenstifte zugeben und nochmals 3 – 4 Minuten anbraten. Nun mit einer halben Tasse Wasser (75 ml) aufgießen und zugedeckt köcheln lassen, bis das Gemüse gar ist.
5) Schwarze Senfsamen in einem Mörser bzw. einer Kaffeemühle fein mahlen. Die Oliven halbieren, Kräuter fein hacken. Alle Zutaten für das Salatdressing in einer großen Salatschüssel mischen. Nun die Nudeln und die Karotten-Bohnen-Mischung hinzugeben und mit dem Dressing vermengen. Zum Schluss die Kürbisstreifen und Blumenkohlröschen unterheben und, falls der Salat zu trocken ist, ausreichend Gemüsekochwasser hinzufügen.

Eisberg-Kürbis-Salat mit Mais

Für die Augen und die Sinne. Vor allem der orangefarbene Hokkaido-Kürbis ist eine leckere Grundlage für allerlei Salate. Dieses Rezept ist nicht nur ein Fest für den Gaumen, sondern mit seiner Farbenvielfalt auch eines für die Augen.

Für 4 Personen

½ Kopf Eisbergsalat
200 g geraffelter Kürbis (z. B. Potimarron, Hokkaido, Acorn)
1 Glas Gemüsemais (Abtropfgewicht 285 g) bzw. 2 frische Maiskolben
12 orangefarbene Blüten der Kapuzinerkresse (kann auch entfallen)

Für das Dressing:
4 EL Zitronensaft
6 EL Sonnenblumenöl
7 EL Joghurt (vegan: 2 – 3 EL Mandelmus)
¾ TL frisch gemahlener schwarzer Pfeffer
1 TL Meersalz
4 EL frisch gehackter Dill

So wird's gemacht:

1) Falls Sie frischen Mais verwenden, diesen im Schnellkochtopf 10 – 15 Minuten garen und danach die Körner mit einem großen Messer abschaben.
2) Eisbergsalat waschen, abtropfen lassen und in dicke Streifen schneiden.
3) Kürbis waschen, entkernen, schälen und in längliche, streichholzlange, feine Stifte raffeln. Mais abtropfen lassen.
4) Die Zutaten für das Dressing mischen und das Gemüse darunter heben. Mit frischem Dill bestreuen und, falls vorhanden, mit den Blüten der Kapuzinerkresse verzieren.

Tipp: Ein einfaches, schnelles und leckeres Rezept für Büfetts, Partys, Grillfeste und Picknicks.

Kürbis mit Pep – Saucen, Dips & Partyhits

Pikante Kürbissauce

Gewusst wie! Die Zusammenstellung bestimmter Kräuter und Gewürze ist es nämlich, die dieser Sauce ihren typischen pikant-aromatischen Geschmack verleiht. Nur noch Nudeln, Reis, Polenta, Hirse oder Rösti dazu, und die Kürbissauce ist perfekt.

Für 4 Personen

450 g Kürbis
250 g Paprika
250 g Aubergine
1 – 2 EL Olivenöl
1 TL Kreuzkümmel
1 ½ EL frisch geriebener Ingwer
½ TL Asafoetida (kann entfallen)
1 TL Kurkuma (bzw. Curry)
1 EL Kräuter der Provence
1 TL Meersalz
1 TL frisch gemahlener schwarzer Pfeffer
3 EL Zitronensaft

So wird's gemacht:

1) Kürbis waschen, schälen, entkernen und in kleine Würfel schneiden. In einem Topf mit etwas Wasser zugedeckt etwa 8 Minuten gar kochen.
2) Paprika und Aubergine waschen und trocken reiben. Das Gemüse mit einer Küchenzange über einer offenen Gasflamme schwarz rösten. Es kann auch auf einem Gitter über einer Gasflamme bzw. Elektroplatte oder im Backofen bei 220° C (auf Grilleinstellung) geröstet und dabei mehrmals gewendet werden, bis alle Seiten schwarz und blättrig sind.
3) Wenn das Gemüse etwas abgekühlt ist, die schwarze Haut und auch die Paprikakerne mit einem Messer entfernen. Aubergine und Paprika in etwa ½ cm große Würfel schneiden.
4) Den gekochten Kürbis im Kochwasser pürieren.
5) Olivenöl in einem Topf erhitzen und etwa 1 Minute Kreuzkümmel darin goldbraun rösten. Dann Ingwer, eventuell Asafoetida und nach einigen Sekunden auch die Auberginen- und Paprikawürfelchen sowie den Kurkuma hinzugeben und anrösten. Nach etwa 3 – 4 Minuten das Kürbispüree und so viel heißes Wasser hinzufügen, bis die Sauce die gewünschte flüssige Konsistenz bekommt. Noch Kräuter der Provence dazugeben und 4 – 5 Minuten auf kleiner Flamme köcheln lassen.
6) Mit Salz, Pfeffer und Zitronensaft abrunden und servieren.

Tipp: Wer die feine Küche liebt, kann diese Sauce auch einmal mit saurer Sahne oder Tomatenpüree verfeinern. Frisches Basilikum an Stelle der getrockneten Kräuter ist ebenfalls eine aromatisch-würzige Variation.

Kürbiskern-Rucola-Sauce

Für jeden Geschmack ist diese milde und köstliche Sauce zu empfehlen. Sei es zu Spaghetti, Kürbis-Gnocchi, Ravioli mit Kürbisfüllung oder zu Rösti, diese Kürbiskern-Rucola-Sauce wird überall begeisterte Fans finden.

Für 4 Personen

100 g grüne Kürbiskerne
50 g Rucola
2 EL Butter bzw. Sonnenblumenöl
1 EL Dinkel- oder Weizenvollkornmehl
1½ EL frischer geriebener Ingwer
½ TL frisch geriebene Muskatnuss
¾ TL frisch gemahlener schwarzer Pfeffer
200 ml Wasser bzw. Gemüsebrühe
200 ml Sahne
1 TL Meersalz

So wird's gemacht:

1) Kürbiskerne fein mahlen. Rucola waschen, trocken schütteln und fein hacken bzw. in einer Küchenmaschine pürieren.
2) In einem Topf Butter bzw. Öl erhitzen und das Vollkornmehl goldbraun rösten. Nach 1 – 2 Minuten Ingwer, Muskat und Pfeffer und nach einer weiteren Minute die gemahlenen Kürbiskerne hinzugeben. Alles gut umrühren. Wenn die Kürbiskerne einen angenehmen Duft verströmen, mit Wasser bzw. Gemüsebrühe und Sahne aufgießen, aufkochen lassen und gehackten Rucola und das Salz unterrühren. Sauce auf kleiner Flamme für 3 – 4 Minuten köcheln lassen.

Kürbis-Sesam-Dip

Der Verwandlungskünstler. Kürbis-Sesam-Dip passt und schmeckt einfach immer. Egal, ob kalt zu Kürbis-Kartoffel-Schnecken, Fladenbrot oder Pakoras (frittiertem Gemüse in Teigmantel) oder warm als Sauce zu Nudeln, Reis oder Bratlingen. Das Geheimnis seines Aromas liegt im Tahin, einem Mus aus Sesamsamen.

Für 4 Personen

500 g Kürbis
100 – 150 ml Wasser
4 EL Tahin (Sesammus)
2 EL Zitronensaft
½ TL Asafoetida (kann entfallen)
1 TL frisch gemahlener schwarzer Pfeffer
1 TL Meersalz
3 – 4 EL frisch gehackte Korianderblätter bzw. Basilikum

So wird's gemacht:

1) Kürbis waschen, eventuell schälen, entkernen und würfeln. Mit Wasser etwa 10 Minuten gar kochen. Dann mit dem Pürierstab pürieren bzw. durch ein feines Sieb streichen.
2) Mit den restlichen Zutaten verrühren und nach Belieben warm oder kalt servieren.

Tipp: Geben Sie diesem Dip auch einmal gehackte Oliven, in Olivenöl eingelegte Kapern oder geröstete, gehackte Sonnenblumenkerne bei. Je nach Vorliebe können Sie zusätzlich noch mit etwas Cayennepfeffer oder Curry würzen.

Frische Pfefferminz-Kürbis-Sauce

Die Sommerfrische. In der warmen Jahreszeit finden Sie mit dieser leicht kühlenden Sauce genau die Erfrischung, die Sie sich wünschen. Ein idealer Dip für gegrilltes Gemüse, Fladenbrot oder zu Salat.

Für 4 Personen

500 g Kürbis
50 g frische Pfefferminzblätter
250 g Joghurt
1 – 2 EL frisch geriebener Ingwer
¾ TL frisch gemahlener schwarzer Pfeffer
¾ TL Meersalz

So wird's gemacht:

1) Kürbis waschen, entkernen, schälen, anschließend würfeln und in etwas Wasser dünsten.
2) Pfefferminzblätter waschen und trocken schütteln. Zusammen mit den restlichen Zutaten in einem Mixer zu einer cremigen Sauce pürieren.

Tipp: Diese frische Sauce können Sie aus jeder beliebigen Kürbissorte zaubern. Und wer möchte, kann an Stelle der Pfefferminze auch gerne andere frische Kräuter probieren, z. B. Basilikum, Korianderblätter oder Dill.

Kürbis-Orangen-Sauce

Hätten Sie's gewusst? Das Wort »Orange« kommt aus der indischen Sprache Hindi. Die exotischen Südfrüchte baute man zuerst in Indien, China und Japan an.

Für 4 Personen

300 g Kürbis
Saft mit Fruchtfleisch von 3 Orangen (etwa 350 ml)
2 gehäufte EL Reismehl oder Maisstärke
1 EL Walnuss- bzw. Olivenöl
2 ganze Sternanis
1 gehäufter EL frisch geriebener Ingwer oder ¼ TL Ingwerpulver
¼ TL Kurkuma
½ TL Zimt
¼ TL frisch geriebene Muskatnuss
1 – 2 EL Ahornsirup oder Vollrohrzucker
½ TL frisch gemahlener schwarzer Pfeffer
½ TL Meersalz
100 ml Wasser (oder nach Belieben mehr)
3 – 4 EL frisch gehacktes Basilikum

So wird's gemacht:

1) Kürbis schälen, entkernen, in kleine Würfel schneiden und mit etwas Wasser zugedeckt 10 – 15 Minuten lang kochen, bis er weich ist. Kürbis durch ein feines Sieb streichen bzw. zu Mus pürieren.
2) Saft mit Orangenfruchtfleisch mit Reismehl bzw. Maisstärke verrühren.
3) In einem kleinen Topf Walnuss- bzw. Olivenöl erhitzen und Sternanis für einige Sekunden darin rösten. Sogleich Ingwer, Kurkuma, Zimt und Muskat dazugeben und nach einigen weiteren Sekunden mit Kürbispüree und Orangensaft auffüllen. Ahornsirup bzw. Vollrohrzucker, Pfeffer, Salz und nach Belieben Wasser dazugeben. Einmal kurz aufkochen lassen und mit frischem Basilikum bestreuen. Vor dem Servieren Sternanis entfernen.

Tipp: Kürbis-Orangen-Sauce passt sehr gut zu Gemüsespießen mit Kürbis, Kürbis-Gnocchi, Kürbis-Kartoffel-Rösti oder Hirse mit Kürbis.

Kürbiskern-Kräuterbutter

Die Würze unseres Lebens. Kräuter gehören zu den wertvollsten Gaben, die die Natur für uns bereithält. Sie können Erschöpfte wieder frisch, Traurige wieder heiter und sogar Kranke wieder gesund machen. Mit seinen ätherischen Ölen macht jedes Küchenkraut unsere Speisen nicht nur bekömmlicher, sondern verleiht ihnen auch seinen typischen Geschmack.

Für 6 – 8 Personen

50 g grüne Kürbiskerne
50 – 75 g frisches Basilikum
1 Kästchen Gartenkresse
50 g Rucola
250 g weiche Butter (vegan: Pflanzenmargarine)
1½ EL frisch geriebener Ingwer
1 – 2 TL Zitronensaft
1 TL Meersalz
½ – ¾ TL frisch gemahlener schwarzer Pfeffer

So wird's gemacht:

1) Kürbiskerne in einer Pfanne trocken rösten und fein mahlen.
2) Kräuter und Rucola waschen, trocken schütteln (eventuell in einer Küchenmaschine mit Hackmesser), fein hacken und gemeinsam mit den restlichen Zutaten zu einer cremigen Masse mischen.
3) Kräuterbutter vor dem Servieren kalt stellen.

Tipp: Kräuterbutter zu einer Rolle formen, in Frischhaltefolie wickeln und die Oberfläche glatt streichen. Anschließend kalt stellen bzw. kurz einfrieren. Zum Servieren in dünne Scheiben schneiden. Diese Kräuterbutter passt gut zu ofenfrischem Kürbis-Fladenbrot (Focaccia, Seite 114) oder zu gegrilltem oder gebackenem Kürbis.

Kürbis-Pesto

Kürbiskerne, Basilikum und Olivenöl. Viel mehr brauchen Sie nicht, um Pesto, die grüne Kräuterpaste aus Italien, zuzubereiten. Pesto passt hervorragend zu Nudeln aller Art, aber auch als kleiner Dip zu Reis, Hirse oder Vollkorn-Khichari, einem Reis-, Dal- und Gemüsegericht.

Für 6 – 8 Personen

50 g grüne Kürbiskerne
100 g frisches Basilikum
50 g Rucola
1½ EL frisch geriebener Ingwer
8 – 10 EL kalt gepresstes Olivenöl
½ – 1 TL frisch gemahlener schwarzer Pfeffer
1 TL Meersalz

So wird's gemacht:

1) Kürbiskerne in einer Pfanne trocken rösten und fein mahlen.
2) Kräuter waschen, trocken schütteln und (eventuell mit einer Küchenmaschine mit Hackmesser) fein hacken.
3) Alle Zutaten zu einer Paste rühren.

Tipp: Gekühlt und in einem Schraubglas aufbewahrt, hält sich Pesto 1 – 2 Wochen.

Kürbis-Spinat-Mousse

Der Favorit. Keiner Ihrer Gäste und am wenigsten Sie selbst werden widerstehen können, wenn Sie dieses halbgefrorene Mousse zu einer Eiskugel geformt auf einer Scheibe Vollkornbrot oder Toast servieren. Noch ein Salat und ein Dip dazu – und guten Appetit!

Für 4 – 6 Personen

Für die Kürbismousse:
500 g Kürbis
1 gestrichener TL Agar-Agar-Pulver
50 ml Apfelsaft
250 ml Sahne
1 TL Meersalz
¾ TL frisch gemahlener schwarzer Pfeffer
½ – ¾ TL Muskat

Für die Spinatmousse:
500 g frischer Spinat
1 gestrichener TL Agar-Agar-Pulver
50 ml Apfelsaft
1 TL Meersalz
¾ TL frisch gemahlener schwarzer Pfeffer
1 TL gemahlener Koriander
250 ml Sahne

So wird's gemacht:

1) Kürbis waschen, schälen, entkernen, in kleine Würfel schneiden und mit etwas Wasser etwa 15 Minuten weich kochen. Anschließend pürieren bzw. durch ein feines Sieb streichen. Nur so viel Kürbiskochwasser wie nötig hinzufügen, um eine cremige Konsistenz zu erreichen.
2) Agar-Agar mit 50 ml Apfelsaft in einem Topf verrühren und mit dem Kürbispüree 2 – 3 Minuten aufkochen lassen. Sahne, Salz, Pfeffer und Muskat dazugeben. Die Masse in eine mit kaltem Wasser ausgespülte Kastenform bzw. Glasschüssel füllen und einige Stunden im Gefrierfach kalt stellen, bis die Mousse fest, jedoch nicht tiefgefroren ist.
3) In der Zwischenzeit Spinat waschen, Stiele entfernen, die Blätter hacken und in etwas Wasser dünsten, bis sie zerfallen sind. Spinat zu einer cremigen Masse pürieren (eventuell etwas Spinatkochwasser hinzufügen). Agar-Agar mit 50 ml Apfelsaft in einem Topf verrühren und 2 – 3 Minuten aufkochen lassen. Anschließend mit Spinatpüree, Salz, Gewürzen und Sahne verrühren.
4) Spinatmasse vorsichtig auf die halbfeste Kürbismasse gießen und wieder ins Gefrierfach geben. Wenn die Mousse nach wenigen Stunden halbgefroren ist, in Scheiben schneiden und auf frisch getoastetem Brot mit Salat servieren.

Tipp: Füllen Sie die beiden Massen auch einmal in zwei separate Schalen, aus denen Sie mit einem Eisportionierer schöne Kugeln formen.

Dessert gefällig – Süßes mit Kürbis

Kürbis-Mango-Mousse

Kann denn Süßes Sünde sein? Mit dieser Mousse erobern Sie die Herzen Ihrer Gäste und Ihrer Familie im Handumdrehen. Reichen Sie noch etwas Gebäck, wie z. B. Kürbis-Nussecken (s. Seite 198), zu den leicht gefrorenen Mousse-Eiskugeln, und das Schlemmererlebnis ist perfekt.

Für 8 Personen

250 g Kürbispüree für Desserts (s. Seite 191)
250 g Mangopulp (aus der Dose; siehe Tipp)
100 ml Apfelsaft
1 gestrichener TL Agar-Agar-Pulver
¼ TL gemahlener Kardamom

So wird's gemacht:

1) Kürbispüree für Desserts herstellen (s. Seite 191).
2) Mangopulp mit dem Kürbispüree verrühren.
3) Apfelsaft mit Agar-Agar in einem Topf verrühren und 2 – 3 Minuten kochen. Dann die Kürbis-Mango-Masse hinzufügen und noch einmal kurz aufkochen lassen. Kardamom hinzugeben, die Masse in eine mit kaltem Wasser ausgespülte Glasschüssel füllen und für einige Stunden ins Gefrierfach stellen.

Tipp: Servieren Sie die halbgefrorene Mousse mit dem Eisportionierer zu einem Stück Gebäck, zu Schlagsahne und/oder heißer Fruchtsauce.
Mangopulp bekommen Sie in indischen, asiatischen oder persischen Lebensmittelläden oder beim Gewürzversand (Seite 214).

Nougat-Kürbis-Eis

Energie pur. Haselnüsse sind wohl die beliebtesten Kraftpakete aus dem Nussparadies. Sie enthalten nicht nur Enzyme, Mineralien und Vitamine, sondern auch jede Menge ungesättigte Fettsäuren. Damit sind Haselnüsse ideal für Gehirn und Nerven, aber auch für Haut, Gefäße und Muskulatur. So lecker und gesund kann Eiscreme sein.

Für 8 Personen

400 g Butternusskürbis
(oder andere Moschus- bzw. Riesenkürbissorte)
1 EL Butter
200 g geröstete und gemahlene Haselnüsse
100 ml Ahornsirup
200 ml Milch
1 gestrichener TL Agar-Agar-Pulver
400 g Vollrohr- oder Roh-Rohrzucker
1 TL gemahlene Bourbon-Vanille
500 ml Sahne

So wird's gemacht:

1) Butternusskürbis der Länge nach halbieren, entkernen und mit Butter bestreichen. Kürbis im Backofen bei 200° C 30 – 40 Minuten backen, bis das Fruchtfleisch weich ist.
2) In der Zwischenzeit die gerösteten und gemahlenen Nüsse in einer großen Schüssel mit Ahornsirup mischen. 100 ml kalte Milch mit Agar-Agar in einer Tasse verrühren und die restlichen 100 ml in einem kleinen Topf erhitzen. Sobald die Milch kocht, die kalte Agar-Agar-Milch hinzufügen und unter ständigem Rühren 2 – 3 Minuten kochen. Anschließend den Topf von der Flamme nehmen und Zucker und Vanille hineinrühren.
3) Das Fruchtfleisch mit einem Löffel aus dem Kürbis schaben und durch ein feines Sieb streichen bzw. pürieren. Dieses Kürbispüree gemeinsam mit der Agar-Agar-Milch und der Sahne unter das Nussmus rühren. Anschließend die Masse in ein oder mehrere geeignete Gefäße füllen und tiefkühlen.
4) Eismasse nach etwa 2 Stunden umrühren, um die Eiskristalle zu brechen. Nach weiteren 4 – 6 Stunden können Sie dieses Eis schon servieren.

Tipp: Haselnüsse rösten: Haselnüsse auf einem Blech im Backofen bei 200° C 10 Minuten rösten, bis die Häutchen aufspringen. Abgekühlt lassen sich die Häutchen sehr leicht abreiben und die Nüsse dann fein mahlen. Am praktischsten ist es, das Blech mit den Nüssen beim Backen des Kürbis einfach mit einzuschieben oder die Nachhitze zu nutzen!

Kürbis-Melonen-Eis

Fruchtig-frisch. Nach langen Sommertagen verschaffen Sie sich mit diesem Eis eine köstliche und willkommene Abkühlung. Dafür sorgen gleich zwei Vertreter aus der Kürbisfamilie vor allem mit ihrem hohen Wasser- und Mineralstoffgehalt, nämlich Kürbis und Honigmelone. Und natürlich auch der Saft der Ananas, der nicht nur den Durst stillt, sondern auch Energie spendet.

Für 4 – 6 Personen

250 g Kürbis (ideal: Melonenkürbis »Jaspée de Vendée« oder Muskatkürbis)
500 g Honigmelone (Nettogewicht)
500 ml Ananassaft
2 gestrichene TL Agar-Agar-Pulver
125 – 150 g Roh-Rohrzucker
1 TL gemahlene Bourbon-Vanille

So wird's gemacht:

1) Kürbis waschen, schälen, entkernen, in Würfel schneiden und in einem Topf mit Dämpfeinsatz dämpfen.
2) Gedämpften Kürbis durch ein feines Sieb streichen. Honigmelone pürieren bzw. durch ein Sieb streichen.
3) Ananassaft in einem Topf mit dem Agar-Agar verrühren. Roh-Rohrzucker und Vanille darin auflösen und 2 – 3 Minuten kochen lassen. Nun Kürbis- und Melonenpüree dazugeben.
4) Das Fruchtgelee in eine Schüssel füllen und etwa 6 Stunden im Gefrierfach kalt stellen. (Das Gelee wird erst beim Erkalten fest.)

Tipp: Füllen Sie das zu Eiskugeln geformte Kürbiseis in schöne Glasschälchen und dekorieren Sie es mit frischen Mangostückchen und Schlagsahne.

Kürbis-Puddingcreme

Geschätzt von Generationen. Khir, so nennt man in den meisten Teilen Indiens dieses puddingartige Dessert aus heruntergekochter Milch. Noch immer gibt es in Indien viele traditionsbewusste Tempel, in denen man Khir-Rezepte nach Jahrtausende alten Sanskrit-Überlieferungen zubereitet.

Für 4 – 6 Personen

4 Fäden Safran
1 l Milch
700 g Kürbis (z. B. Muskatkürbis, Potimarron, Hokkaido)
25 – 30 g Butter
200 – 250 g Roh-Rohrzucker
½ TL gemahlene Bourbon-Vanille
50 g Mandelblättchen

So wird's gemacht:

1) Safran in 1 – 2 EL Milch einweichen. Kürbis waschen, schälen, entkernen und mit einer Gemüseraffel fein reiben.
2) Butter in einem Topf schmelzen und den Kürbis 8 – 10 Minuten darin anbraten, bis er glasig ist. Dabei immer wieder mit einem Holzlöffel umrühren.
3) Milch und Safranmilch hineingeben und auf mittlerer bis kleiner Flamme (nicht abdecken) 30 – 40 Minuten herunterköcheln lassen, bis die Masse die Konsistenz von Pudding erreicht hat. Dabei immer wieder umrühren, damit nichts anbrennt. Am Ende Roh-Rohrzucker, Vanille und Mandelblättchen (1 EL für die Dekoration zurückbehalten) hinzufügen.
4) Puddingspeise in Dessertschälchen füllen, mit den übrigen Mandelblättchen bestreuen und lauwarm servieren.

Variation: Kürbis-Puddingcreme mit Orangenblüten

Verfeinern Sie dieses Rezept auch einmal mit 1 TL getrockneten Orangenblüten und 1 – 2 TL getrockneten unbehandelten Orangenschalen (in Gewürz- oder persischen Lebensmittelläden erhältlich), die Sie einfach mit dem Khir mitkochen.

Kürbis-Dattel-Konfekt

Drei Vorteile bietet dieses Rezept: Es ist schnell gemacht, füllt Ihre verbrauchten Energiereserven wieder auf – und schmeckt auch noch gut. Und wer Süßspeisen, Gebäck und Kuchen einmal anders als mit Zucker süßen möchte, sollte es gleich mit Datteln versuchen.

Für 24 Kugeln

200 g frische Datteln
200 g grüne Kürbiskerne
4 Kardamomkapseln
2 – 3 EL fester, kalt geschleuderter (Lavendel-)Honig
einige Tropfen Rosenwasser
Kokosflocken zum Wälzen oder Carobkuvertüre zum Eintauchen

Für die Carobkuvertüre:
50 g Kokosfett
20 g fein gemahlener Vollrohrzucker oder Roh-Rohrzucker
20 g Carob

So wird's gemacht:

1) Datteln waschen, entkernen (falls es getrocknete Datteln sind, in heißem Wasser einweichen) und anschließend zu Mus hacken bzw. durch einen Früchtewolf drehen. Kürbiskerne fein mahlen. Kardamomkapseln aufschlitzen, Samen herausnehmen und in einem Mörser zu Pulver zerstoßen.
2) Datteln, Kürbiskerne, Kardamom, Honig und einige Tropfen Rosenwasser miteinander verkneten, zu Bällchen rollen und in Kokosflocken wälzen bzw. in Carobkuvertüre tauchen.
3) Für die Carobkuvertüre das Kokosfett in einem Töpfchen schmelzen und von der Flamme nehmen. Vollrohrzucker bzw. Roh-Rohrzucker in einer Kaffeemühle zu Puderzucker fein mahlen und mit Carob und Kokosfett verrühren.
4) Bällchen ganz oder nur zur Hälfte in die Kuvertüre tauchen. Mit einigen Kokosflocken bestreuen, auf einem feinen Gitter abtropfen lassen und kalt stellen, bis die Kuvertüre fest geworden ist.

Kürbis-Halava

Manche mögen's süß. Nicht umsonst ist Halava eine der beliebtesten Süßspeisen Indiens; fast jede Stadt hat ihre eigenen Halava-Rezepte, mal mit Getreide, mal mit Früchten, mal mit bestimmten Gemüsen oder mal mit einer Kombination aus allem. Kürbis-Halava ähnelt in seiner Farbe und Konsistenz heruntergekochter Aprikosenmarmelade.

Für 4 – 6 Personen

500 g Kürbis
40 g Butter bzw. 3 EL Sonnenblumenöl
180 – 200 g Roh-Rohrzucker
2 EL gehackte Pistazien oder Mandelblättchen

So wird's gemacht:

1) Kürbis waschen, schälen, entkernen und raspeln.
2) In einem Topf Butter bzw. Öl erhitzen, Kürbis auf mittlerer Flamme anbraten und immer wieder umrühren, damit er nicht ansetzt. Nach 8 – 12 Minuten, wenn die Flüssigkeit des Kürbis verkocht ist, Roh-Rohrzucker dazugeben. Da die Masse durch den Zucker wieder flüssig geworden ist, den Halava weitere 15 – 20 Minuten zu einer pastenartig-festen Konsistenz herunter köcheln lassen.
3) Halava in Dessertschälchen füllen und mit gehackten Pistazien bzw. Mandelblättchen bestreuen.

Kürbiskernkrokant

Süßes im Handumdrehen. Dieses köstliche Krokant ist der Beweis, mit wie wenig Aufwand Sie eine kleine Sensation zaubern können. Ob zum Backen, als Dekoration auf Desserts, über Eiscreme oder einfach als süßes Knabberzeug – mit Kürbiskernkrokant werden Sie Jung und Alt begeistern.

Für 4 Personen

100 g Roh-Rohrzucker
2 – 3 EL Wasser
200 g grüne Kürbiskerne
Fett für das Blech

So wird's gemacht:

1) Backblech oder Tablett einfetten. Zucker mit Wasser in einer Pfanne karamellisieren. Dann die Kürbiskerne dazugeben und unter ständigem Rühren 1 – 2 Minuten anrösten, bis die Kerne zu knacken beginnen.
2) Krokant auf dem Blech bzw. Tablett verteilen und abkühlen lassen. Anschließend mit den Händen auseinander brechen und, falls gewünscht, grob hacken.

Milch-Toffee mit Flaschenkürbis (Louki-Burfi)

Da gerät man schon beim Lesen ins Schwärmen. Und erst der Anblick, der Duft und das Aroma dieser verführerischen indischen Karamellsüßigkeit aus heruntergekochter Milch und Flaschenkürbis ... Da werden so manche Ihrer Gäste schwach werden.

Für 6 Personen

600 g Flaschenkürbis
3 EL Butter bzw. Butterschmalz
1 l Vollmilch
¾ TL Safran
175 – 200 g Roh-Rohrzucker
5 Kardamomkapseln
Cashewnusshälften oder Mandelblättchen zur Verzierung

So wird's gemacht:

1) Flaschenkürbis waschen, schälen, entkernen und raspeln.
2) Butter bzw. Butterschmalz in einem großen, flachen Edelstahltopf erhitzen. Den geraspelten Flaschenkürbis unter ständigem Rühren 5 – 8 Minuten darin glasig dünsten, bis die Flüssigkeit verkocht ist. In der Zwischenzeit die Milch in einem zweiten Topf erhitzen.
3) Nun die heiße Milch zu dem Flaschenkürbis gießen und alles unter häufigem Rühren mit einem Holzlöffel auf mittlerer Flamme köcheln lassen. Je mehr die Milch eindickt, desto mehr muss gerührt werden, damit nichts anbrennt. Nach 45 Minuten bis 1 Stunde Safran und Zucker dazugeben. (Sollten sich am Topfboden doch kleine Stellen festgesetzt haben, wechseln Sie den Inhalt lieber in eine Anti-Haft-Pfanne.) Köcheln Sie die Masse so lange ein, bis sie dick ist. Dies ist etwa nach 1 ½ Stunden der Fall.
4) In der Zwischenzeit die Kardamomsamen aus den Kapseln herauslösen und im Mörser zerstoßen.
5) Nun die Masse auf eine Platte geben und zu einem 1 ½ cm dicken Rechteck streichen. Mit gemahlenem Kardamom bestreuen und mit Mandelblättchen bzw. Cashewnusshälften verzieren.
6) Die Masse kalt stellen und vor dem Servieren in Rauten schneiden.

Apfelkompott mit Kürbis

Schon mit wenig Aufwand kann man eine kleine Sensation zaubern. Dies beweist dieses leckere Kompott aus Äpfeln, kombiniert mit dem milden Kürbis. Na denn, nichts wie los!

Für 4 Personen

300 g Kürbis (ideal: Muskatkürbis, Potimarron)
700 g Äpfel
1 Zimtstange bzw. ¾ TL Zimt
5 Safranfäden
50 g Vollrohrzucker oder Roh-Rohrzucker

So wird's gemacht:

1) Kürbis waschen, schälen, entkernen und in Würfelchen schneiden. Äpfel waschen, schälen und klein schneiden.
2) Kürbis- und Apfelstückchen in einem Topf mit etwas Wasser sowie mit Zimt und Safran zugedeckt 8 – 10 Minuten köcheln lassen. Anschließend Zucker hinzugeben und noch eine Weile ohne Deckel köcheln lassen, damit das Kompott etwas eindickt.
3) Zimtstange entfernen und das Kompott warm oder zimmertemperiert servieren.

Tipp: Dieses Kompott passt ideal zu Milchreis, Pfannkuchen oder Kartoffelpuffer (Rösti). Oder als Dessert mit Vanillesauce, Eiscreme oder Schlagsahne mit Zimt. Anstelle der Äpfel können Sie auch einmal Aprikosen verwenden.

Apfelpfannkuchen mit Kürbis

König der Getreide – nicht umsonst trägt Dinkel, der Urweizen, diesen Namen. Mit seiner Kombination von Mineralstoffen, hochwertigem Eiweiß und vielen Vitaminen übertrifft er jedes andere Getreide. Auch an Spurenelementen, ungesättigten Fettsäuren, Enzymen und Ballaststoffen hat er eine Menge zu bieten. Kein Wunder, dass bei diesen Pfannkuchen nicht nur Kinder schwach werden.

Für 15 kleine Pfannkuchen

200 g Äpfel
150 g Kürbis
200 g Dinkelvollkornmehl
125 ml Milch (vegan: Reismilch)
250 ml Mineralwasser
1 Prise Meersalz
eventuell 1 Msp Natron bzw. Pottasche
25 – 50 g Vollrohrzucker oder Roh-Rohrzucker
½ – 1 TL Zimtpulver
50 g eingeweichte Rosinen (falls erwünscht)
Sonnenblumenöl
Honig oder Ahornsirup zum Beträufeln

So wird's gemacht:

1) Apfel und Kürbis waschen, schälen und entkernen. Apfel reiben und Kürbis raspeln.
2) Alle Zutaten miteinander verrühren. Der Teig sollte von flüssiger Konsistenz sein. Je nach Mehlsorte kann die Flüssigkeitsmenge etwas variieren.
3) Jeweils drei kleine Pfannkuchen gleichzeitig in einer Anti-Haft-Pfanne mit etwas Öl ausbacken. Noch heiß mit etwas Honig oder Ahornsirup beträufelt servieren.

Tipp: Reichen Sie zu diesen Pfannkuchen auch einmal Apfelkompott mit Kürbis (s. voriges Rezept).

Süße Kürbis-Bananen-Schnitze

Für dieses Gericht brauchen Sie nur Kürbis, Bananen und Pfannkuchenteig – und fertig ist Ihre Nachspeise. Genau das Richtige für eilige Zeitgenossen. Geradezu unwiderstehlich werden die Schnitze aber, wenn Sie zu jedem eine halbgefrorene Kugel Kürbis-Mango-Mousse (s. Seite 175) servieren.

Für 4 Personen

200 g Dinkelvollkornmehl
125 ml Milch (vegan: Reismilch)
250 ml Mineralwasser
30 g Vollrohrzucker (kann auch entfallen)
½ TL gemahlene Bourbon-Vanille
1 Prise Meersalz
eventuell 1 Msp Natron
500 g Kürbis
3 – 4 Bananen
Sonnenblumenöl
Ahornsirup oder Honig zum Beträufeln

So wird's gemacht:

1) Mehl, Flüssigkeit, Vollrohrzucker, Vanille, Salz und eventuell Natron miteinander verrühren. Der Teig sollte von flüssiger Konsistenz sein. Je nach Mehlsorte kann die Flüssigkeitsmenge etwas variieren. Kürbis waschen, schälen und in ½ cm dicke Scheiben schneiden. Bananen schälen und halbieren.
2) Kürbisschnitze und Bananenhälften in den Pfannkuchenteig tauchen, abtropfen lassen und in einer Anti-Haft-Pfanne mit Sonnenblumenöl goldbraun ausbacken.
3) Die heißen Schnitze mit etwas Ahornsirup oder Honig beträufelt servieren.

Tipp: An Stelle der Bananen machen sich auch andere Früchte gut. Probieren Sie dieses Rezept einmal mit Ananasscheiben, Birnen oder Pfirsichen.

Kürbis-Ingwer-Konfitüre

Nur das Edelste aufs Brot und zum Backen. Ingwer ist nicht nur ein wichtiges Gewürz, sondern auch ein wertvolles Heilmittel. Die Natur hat ihm eine geballte Ladung von Bitterstoffen und ätherischen Ölen mitgegeben. Damit unterstützt Ingwer nicht nur die Verdauung und hilft bei Erkältungskrankheiten, sondern verleiht diesem Aufstrich auch sein charakteristisches Aroma.

Für 4 Gläser à 450 g

1 kg Kürbis (z. B. Muskatkürbis oder Türkenturban)
700 g Roh-Rohrzucker
30 – 40 g frischer, fein geschnittener Ingwer
1 gestrichener TL Agar-Agar-Pulver
100 ml Apfelsaft bzw. Wasser

So wird's gemacht:

1) Kürbis waschen, schälen, entkernen und in kleine Würfel schneiden.
2) Kürbiswürfel und Roh-Rohrzucker in einem Topf vermischen und köcheln lassen. Ingwer dazugeben.
3) Konfitüre 10 – 15 Minuten köcheln lassen und anschließend mit einem Pürierstab pürieren. Agar-Agar mit Apfelsaft bzw. Wasser verrühren, der Konfitüre zugeben und weitere 2 – 3 Minuten sprudelnd aufkochen lassen.
4) Konfitüre in saubere Gläser abfüllen.

Tipp: Wenn Sie das Geliermittel weglassen, haben Sie eine ideale Sauce für Eiscreme, Puddings, Aufläufe und Pfannkuchen.

Kürbis-Orangen-Konfitüre

Schon legendär ist der hohe Vitamin-C-Gehalt von Orangen. Außerdem bieten sie Beta-Carotin, Mineralien und zellschützende Flavonoide. Und erst der Geschmack: ein idealer Frühstücksaufstrich für frische Brötchen oder Kürbis-Orangen-Muffins (s. Seite 213), aber auch ein köstlicher Belag für Kürbis-Nussecken (s. Seite 198).

Für 2 Gläser à 500 g

1 unbehandelte Orange (300 g)
300 ml Wasser
750 g Roh-Rohrzucker
1 Zimtstange
1 kg Kürbis (z. B. Hokkaido, Muskatkürbis)
2 gestrichene TL Agar-Agar-Pulver

So wird's gemacht:

1) Orange unter fließend heißem Wasser waschen und mit der Schale in feine Stückchen schneiden. Orangenstückchen mit Wasser, Roh-Rohrzucker und Zimtstange in einen großen Topf geben und etwa 10 Minuten köcheln lassen. Eine Tasse der Flüssigkeit abnehmen und zum Abkühlen zur Seite stellen.
2) Kürbis waschen, schälen, entkernen und in kleine Würfel schneiden. Kürbiswürfel in den Topf mit der Flüssigkeit geben und 20 – 25 Minuten lang sprudelnd kochen lassen, bis der Kürbis weich ist. Eventuell einen Teil der Konfitüre mit einem Kartoffelstampfer zu Mus zerdrücken.
3) Agar-Agar in die Tasse mit der abgekühlten Orangenflüssigkeit rühren und unter die Konfitüre geben. Weitere 2 – 3 Minuten aufkochen lassen. Dann die Gelierprobe machen (s. Tipp).
4) Zimtstange herausnehmen und Konfitüre in saubere Gläser füllen.

Tipp: Gelierprobe: Tropfen Sie etwas Konfitüre auf einen Porzellanteller. Sobald die Konfitüre abgekühlt ist, können Sie beim Schräghalten des Tellers sehen, ob sie fest genug ist, denn Agar-Agar entfaltet seine vollständige Bindefähigkeit erst nach dem Erkalten.

Aprikosen-Kürbis-Marmelade

Die leckere Powermarmelade. Trockenfrüchte glänzen nicht nur mit vielen wertvollen Mineralstoffen und Vitaminen, sondern auch mit Ballaststoffen. Und mit ihrem hohen natürlichen Fruchtzuckeranteil können sie einiges an Süßungsmitteln ersetzen. Eine ideale Kombination mit dem gesunden Roh-Rohrzucker, der aus dem wertvollen Zuckerrohr gewonnen wird. Doch am besten, probieren Sie einfach selbst.

Für 3 Gläser à 500 g

250 g getrocknete, ungeschwefelte Aprikosen
250 ml Wasser
750 g Kürbis (z. B. Muskatkürbis)
450 g Roh-Rohrzucker
Saft und abgeriebene Schale einer unbehandelten Zitrone
1 gestrichener TL Agar-Agar

So wird's gemacht:

1) Aprikosen waschen und über Nacht oder für einige Stunden in 250 ml Wasser einweichen.
2) Kürbis schälen, entkernen, in kleine Würfel schneiden und zusammen mit dem Roh-Rohrzucker 5 Minuten im Aprikosen-Einweichwasser weich kochen. In der Zwischenzeit Aprikosen klein schneiden, zur Marmelade geben und für weitere 15 – 25 Minuten kochen, bis der Kürbis weich wie Mus ist.
3) Zitronensaft mit Agar-Agar verrühren und mit der geriebenen Zitronenschale unter die Marmelade rühren. Nochmals 2 – 3 Minuten aufkochen lassen und die Gelierprobe machen (s. voriges Rezept).
4) Marmelade in saubere Gläser abfüllen.

Tipp: Für diese leckere Wintermarmelade können Sie nach Belieben auch anderes Trockenobst verwenden; besonders köstlich schmecken z. B. auch getrocknete Mangostückchen. Und aromatisieren Sie diese Marmelade auch einmal mit 2 – 3 Nelken, es lohnt sich.

Für Feinbäcker und Feinschmecker – Kuchen, Muffins und Pies

Kürbispüree für Desserts und Kuchenfüllungen

Klein und fein. Für dieses süße Kürbispüree machen sich kleine Riesenkürbissorten am besten, probieren Sie nur einmal den kleinen, leuchtend orangefarbenen Hokkaido oder Potimarron. Ebenso gut machen sich aber auch alle Moschuskürbisse, wie z. B. Butternuss-, Muskat- oder Mandelsackkürbis.

Für 1,2 kg Püree

1,2 kg Kürbis (Bruttogewicht)
100 g Roh-Rohrzucker
1 Zimtstange
250 g Roh-Rohrzucker
(Menge variiert je nach Kürbisgewicht und Süßungswunsch)
1 TL gemahlene Bourbon-Vanille

So wird's gemacht:

1) Backofen auf 200° C vorheizen. Backblech einfetten. Kürbis waschen und abtrocknen. Einen Deckel abschneiden und die Kürbiskerne mit einem Löffel herausholen.
2) 100 g Roh-Rohrzucker und Zimtstange in den Kürbis geben, Deckel wieder darauf setzen und 45 Minuten bis 1 Stunde lang backen, bis der Kürbis weich ist.
3) Kürbisfleisch mit einem Löffel herausschaben, durch ein feines Sieb streichen bzw. mit einem Pürierstab pürieren. Kürbispüree zusammen mit der Zimtstange, dem Roh-Rohrzucker und der Vanille in einen Topf geben und verrühren.
4) Nun das Kürbispüree so lange auf mittlerer Flamme einkochen, bis es eine marmeladenartige Konsistenz bekommen hat (dies dauert etwa 15 – 25 Minuten). Zum Schluss die Zimtstange entfernen.

Tipp: Übrig gebliebenes süßes Kürbispüree können Sie – in Schraubgläser gefüllt – im Kühlschrank mindestens 2 – 3 Wochen aufbewahren bzw. im Gefrierbeutel für mehrere Monate einfrieren. Für das nächste Dessert oder die nächste Kuchenfüllung haben Sie es dann gleich fertig parat, z. B. für Kürbis-Käsekuchen (s. Seite 194)

Pumpkin-Apple Crumble (englischer Kürbis-Apfel-Auflauf)

Wenn es schnell gehen muss und trotzdem köstlich schmecken soll, gehört dieser englische Kürbis-Apfel-Auflauf zu unseren Lieblingsrezepten. Doch vergessen Sie nicht: Erst mit Vanillesauce oder Schlagsahne ist er ein original englischer Apple Crumble.

Für eine große Auflaufform

300 g Kürbis (z. B. Muskat- oder Mantelsackkürbis)
750 g Äpfel
2 EL Zitronensaft
1 TL Zimt
125 g Vollrohrzucker
50 g Rosinen (können auch entfallen)
100 g gemahlene Haselnüsse
125 g Weizen- oder Dinkelvollkornmehl
60 g zerlassene Butter (vegan: reine Pflanzenmargarine)
2 EL Ahornsirup bzw. Birnendicksaft
eventuell 1 EL Wasser
Fett für die Form

So wird's gemacht:

1) Kürbis waschen, schälen, Kerne entfernen und Fruchtfleisch in dünne Scheiben schneiden. In einem Topf mit 2 EL Wasser 5 – 8 Minuten zugedeckt köcheln lassen, bis er fast gar ist.
2) Äpfel waschen, schälen und das Kerngehäuse mit einem Messer ausschneiden. Anschließend die Äpfel in Ringe schneiden und in einen zweiten Topf mit 1 TL Wasser legen. Zitronensaft, Zimt, 1 – 2 TL Vollrohrzucker und eventuell die gewaschenen Rosinen unter die Äpfel mischen und zugedeckt bei schwacher Hitze 3 – 5 Minuten köcheln lassen.
3) Auflaufform einfetten. Backofen auf 180° C vorheizen.
4) Die restlichen Zutaten, eventuell mit 1 EL Wasser, zu einer krümeligen Masse mischen. Kürbisscheiben und Apfelringe abwechselnd dachziegelartig in die Auflaufform legen, »Streuselmischung« darüber verteilen, etwas festdrücken und in 25 – 35 Minuten goldbraun backen.

Tipp: Streuen Sie über die Vanillesauce oder Schlagsahne – die bei diesem Auflauf nicht fehlen dürfen – etwas Zimt und Ingwerpulver. Veganer können die Sauce mit Vanille-Sojadrink zubereiten.

→

Käsekuchen mit Preiselbeeren und Kürbispüree

Der Clou dieses luftig-leichten Käsekuchens liegt im hausgemachten Joghurtquark. Probieren Sie selbst, wie einfach er von der Hand geht – und vor allem, wie gut er schmeckt. Apropos Geschmack: Für das süße Kürbispüree nehmen Sie am besten die kleinen und leuchtend orangefarbenen Riesenkürbissorten wie Hokkaido oder Potimarron.

Für eine Springform Ø 28 cm

Für den Mürbteig:
200 g Dinkel- oder Weizenvollkornmehl
1 Msp Natron
100 g kalte Butter
60 g gesiebter Vollrohrzucker
1 EL kaltes Wasser oder Joghurt
Fett für die Form

Für den Belag:
2 kg Joghurt für 800 g Joghurtquark
250 g Kürbispüree für Desserts (s. Seite 191)
200 ml Sahne
200 g Vollrohr- bzw. Roh-Rohrzucker
2 Päckchen Vanillepuddingpulver
abgeriebene Schale einer unbehandelten Zitrone
3 – 4 EL Wildpreiselbeermarmelade
oder 6 EL frische Preiselbeeren

So wird's gemacht:

1) Für den Joghurtquark den Joghurt 5 – 6 Stunden in einem Käsetuch (oder einer Baumwollwindel) abhängen lassen. Dazu das Tuch an den vier Enden zusammenknoten und aufhängen, bis so viel Molke abgetropft ist, dass noch etwa 800 g Joghurtquark übrig sind. Die abtropfende Molke in einer Schüssel auffangen. Sollte der Joghurtquark beim Abwiegen zu leicht sein (z. B. nach zu langem Abhängen), einfach die entsprechende Menge wieder mit Molke auffüllen.
2) In der Zwischenzeit das Kürbispüree fürs Dessert herstellen (s. Seite 191).
3) Alle Zutaten für den Mürbteig rasch verkneten und mindestens 30 Minuten lang zugedeckt kalt stellen. Springform einfetten.
4) Sahne steif schlagen. Joghurtquark, Vollrohr- bzw. Roh-Rohrzucker, Vanillepuddingpulver und abgeriebene Zitronenschale in eine Schüssel geben und mit einem Handrührgerät zu einer cremigen Masse rühren. Dann die Schlagsahne unter die Masse heben.
5) Den Mürbteig zwischen zwei Frischhaltefolien ausrollen und die Springform damit auskleiden. Einen 3 cm hohen Rand formen. Den Boden mit einer Gabel mehrmals einstechen. Teigboden bei 200° C 15 Minuten vorbacken.
6) Preiselbeermarmelade bzw. frische Preiselbeeren auf dem leicht abgekühlten vorgebackenen Boden verteilen. Süßes Kürbispüree darüber geben und anschließend die Joghurtquarkmasse einfüllen. Den Kuchen weitere 45 – 50 Minuten bei 200° C fertig backen. Eventuell noch einige Minuten in der Nachhitze des leicht geöffneten Backofens stehen lassen.

Linzer Torte mit Kürbis

Abwechslung ist die Mutter des Genusses. Hier präsentiert sich die berühmte Linzer Torte zwar mit einer neuen Füllung, aber wie gewohnt unwiderstehlich köstlich.

Für eine Springform Ø 26 – 28 cm

Für den Mürbteig:
200 g Dinkel- oder Weizenvollkornmehl
125 g gemahlene Haselnüsse oder Mandeln
125 g gesiebter Vollrohrzucker
150 g kalte Butter (vegan: Pflanzenmargarine)
2 EL Rosenwasser oder Sahne
½ TL gemahlene Bourbon-Vanille
1 – 2 EL Carob
1 TL Zimt
1 Msp Nelkenpulver
1 Prise Meersalz
1 Msp Natron
eventuell 2 EL Maisstärke

Für die Füllung:
350 g Kürbis (ideal: Butternuss-, Muskat- oder Hokkaido-Kürbis)
100 – 125 g Roh-Rohrzucker
½ TL Zimt

¼ TL Ingwerpulver
5 EL Quitten- oder Aprikosenmarmelade

Außerdem:
etwas Grieß für die Form
Fett für die Form

So wird's gemacht:

1) Kürbis waschen, schälen, entkernen und in einen Topf raspeln. Mit Roh-Rohrzucker, Zimt und Ingwerpulver mischen.
2) Die Zutaten für den Mürbteig (zunächst ohne Maisstärke) rasch zu einem geschmeidigen Teig verkneten, zu einer Kugel formen und zugedeckt mindestens 30 Minuten kalt stellen. Falls der Teig zu klebrig ist, noch 1 – 2 EL Maisstärke hinzufügen.
3) In der Zwischenzeit die Füllung zubereiten: Vorbereitete Kürbisraspel (ohne Zusatz von Wasser) bei mittlerer Hitze 5 – 10 Minuten weich köcheln und dabei immer wieder umrühren. Topf von der Flamme nehmen und Füllung abkühlen lassen. Springform einfetten und mit etwas Grieß ausstreuen. Backofen auf 190° C vorheizen.
4) Zwei Drittel des Teiges zwischen zwei Frischhaltefolien ausrollen, die gefettete Springform damit auskleiden und einen 3 cm hohen Rand bilden. Teigboden mit einer Gabel mehrmals einstechen. Den restlichen Teig kalt stellen. 2 EL Marmelade auf den Teigboden streichen. Dann die abgekühlte Füllung hineingeben, glatt streichen und die restlichen 3 EL Marmelade auf der Füllung verteilen. Form kalt stellen.
5) Den restlichen Teig zwischen zwei Frischhaltefolien zu einem Rechteck ausrollen und mit einem Teigrädchen bzw. einem Messer Streifen ausradeln. Mit den Streifen den Kuchen in Gittermusterform verzieren.
6) Im vorgeheizten Ofen 40 Minuten und eventuell 5 Minuten Nachhitze backen. Den Kuchen erst aus der Form lösen, wenn er völlig erkaltet ist.

Nussecken mit Kürbismarmelade

Kraftpakete. Nüsse sind nicht nur ideale Energiespender für Körper und Geist, sondern haben auch für unseren Gaumen einige hochwillkommene Überraschungen parat.

Für ein Haushaltsblech von etwa 36 × 40 cm

Für den Mürbteigboden:
250 g Dinkelvollkornmehl
¼ TL Natron
125 g kalte Butter (vegan: Pflanzenmargarine)
65 g gesiebter Vollrohrzucker
1 EL Wasser oder Joghurt

Für den Belag:
150 g grob gehackte, geröstete Haselnüsse
150 g fein gemahlene, geröstete Haselnüsse
150 g Butter (vegan: Pflanzenmargarine)
100 g Vollrohrzucker
2 EL Birnendicksaft
½ TL gemahlene Bourbon-Vanille
1 – 2 EL Sahne (vegan: Sojadrink)
4 – 5 EL Kürbismarmelade (s. Seite 187 – 189)

Für die Carobglasur:
50 g Kokosfett
20 g fein gemahlener Roh-Rohrzucker
20 g Carobpulver

So wird's gemacht:

1) Alle Zutaten für den Mürbteig rasch zu einem geschmeidigen Teig kneten und mindestens 30 Minuten kalt stellen.
2) Alle Zutaten für den Belag (außer der Marmelade) in einer Pfanne zusammen erwärmen und leicht abkühlen lassen.

3) Teig zwischen zwei Frischhaltefolien zu einer dünnen Platte ausrollen und das gefettete Backblech vollständig mit einer dünnen Schicht bedecken. Mit einer Gabel mehrmals einstechen und im vorgeheizten Ofen bei 190° C 12 – 15 Minuten lang vorbacken. Die Konfitüre auf den leicht abgekühlten Boden streichen, die Nussfüllung darüber verteilen und bei gleicher Temperatur weitere 15 Minuten backen.
4) Den abgekühlten Teigboden in Quadrate schneiden und diese wiederum diagonal in Dreiecke halbieren.
5) Für die Carobglasur das Kokosfett in einem kleinen Topf schmelzen. Herdplatte ausschalten. Roh-Rohrzucker in der Kaffeemühle puderzuckerfein mahlen und mit dem Carob unter das Kokosfett rühren.
6) Die Nussecken an den Ecken in die Carobglasur tauchen und auf einem Gitter erstarren lassen.

Tipp: Variieren Sie die Nussecken durch die Wahl verschiedener Marmeladen. Mit Aprikosenkonfitüre, aber auch Orangen- oder Maronenmarmelade schmecken sie besonders lecker.

Kürbistörtchen

Grenzenlos charismatisch. Die köstlichen Düfte und verführerischen Aromen dieser Kürbistörtchen können jeden in ihren Bann schlagen. Probieren Sie selbst!

Ergibt ca. 10 – 12 Törtchen oder eine Springform Ø 26 – 28 cm

Für den Mürbteig:
250 g Dinkel- oder Weizenvollkornmehl
1 Msp Natron
125 g kalte Butter (vegan: Pflanzenmargarine)
75 g Vollrohrzucker
½ TL Zimt
1 EL Sahne (vegan: Apfelsaft)

Für den Belag:
750 g Kürbis (z. B. Muskat- oder Butternusskürbis)
250 g Roh-Rohrzucker
1 Vanilleschote
1 – 2 EL Ahornsirup
1 TL Zimt

Zur Dekoration:
200 ml Sahne (vegan: Lopinocreme oder reine »Pflanzenschlagsahne«)
2 EL Roh-Rohrzucker
etwas Zimt zum Bestreuen

So wird's gemacht:

1) Alle Zutaten für den Mürbteig rasch miteinander verkneten, zu einer Kugel formen und zugedeckt mindestens 30 Minuten kalt stellen.
2) Kürbis waschen, schälen, entkernen und fein raffeln. Mit dem Roh-Rohzucker in einem Topf mischen und etwa 30 Minuten ziehen lassen. Vanilleschote aufschlitzen und das Mark herausschaben. Vanillemark und Schote zusammen mit dem Kürbis bei mittlerer Hitze zugedeckt etwa 10 Minuten köcheln lassen, bis der Kürbis weich

ist. Dann ohne Deckel weiter köcheln lassen, bis die Kürbismasse etwas eingedickt ist. Vanilleschote entfernen. Zum Schluss Ahornsirup und Zimt dazugeben.

3) Den Mürbteig in kleine gefettete Förmchen verteilen (bzw. eine große gefettete Springform damit auskleiden) und bei 190° C 10 Minuten vorbacken.

4) Kürbismasse in die Förmchen füllen (bzw. auf dem Teigboden verteilen) und weitere 10 – 20 Minuten (je nach Größe der Form) backen. Auf einem Gitter auskühlen lassen.

5) Die Törtchen mit frisch geschlagener gesüßter Schlagsahne und jeweils einer Prise Zimt verzieren.

Kürbiskuchen mit Honigmarzipan

Kulinarische Entdeckungsreise. Genau wie der berühmte Rüeblikuchen aus der Schweiz ist auch diese leckere Kürbisversion eine wahre Gaumenüberraschung. Wundern Sie sich nicht, wie man aus Gemüse und Teig einen solch köstlichen Kuchen zaubern kann, greifen Sie einfach zu.

Für eine Springform Ø 26 cm
(oder auch Kranzform oder Kastenform)

250 g Kürbis
Saft und abgeriebene Schale einer unbehandelten Zitrone
250 g gemahlene Mandeln
350 g Dinkel- oder Weizenvollkornmehl
2 TL Zimt
¾ TL Kardamom
2 Msp Nelkenpulver
1 Prise Meersalz
200 g weiche Butter
300 g fein gemahlener Vollrohrzucker
200 ml Milch
1 Päckchen Backpulver
etwas Aprikosenmarmelade
200 g selbst gemachtes Honigmarzipan (s. Seite 204)
Vollkorngrieß für die Form

So wird's gemacht:

1) Kürbis waschen, schälen, entkernen und fein raspeln. Zitronensaft und geriebene Zitronenschale darunter mischen und mit den Mandeln vermengen. Zugedeckt beiseite stellen. Die Backform einfetten und mit etwas Vollkorngrieß ausstreuen.
2) Das gesiebte Mehl mit den Gewürzen mischen. Die weiche Butter mit dem Vollrohrzucker in einer Rührschüssel schaumig schlagen und abwechselnd löffelweise mit Mehl und Milch zu einem geschmeidigen Teig rühren. Dabei das Backpulver unter das letzte Drittel des Mehls mischen.
3) Zum Schluss die Kürbis-Mandel-Mischung unter die Teigmasse heben und in die Form füllen.
4) Bei 180 – 190° C 65 Minuten backen (eventuell noch 5 Minuten bei Nachhitze im Ofen lassen). Vor dem Herausnehmen die Stäbchenprobe machen.
5) Den leicht abgekühlten Kuchen auf ein Kuchengitter stürzen und mit etwas heißer und durch ein Sieb gestrichener Aprikosenmarmelade bestreichen.

Honigmarzipan-Verzierung:

Honigmarzipan (s. Seite 204) zwischen zwei Frischhaltefolien zu einer dünnen Platte ausrollen und Kuchen damit bedecken. Mit dem restlichen Marzipan können Sie z. B. kleine Kürbisse formen, die Sie mit der abgeriebenen Schale einer unbehandelten Orange bzw. mit gemahlenem Safranpulver orange färben. Oder Sie stechen die Marzipanmasse zu Sternen aus und verzieren den Kuchen damit.

Tipp: Der Kuchen entwickelt sein bestes Aroma erst ab dem zweiten Tag. In Folie eingepackt bzw. unter einer Kuchenhaube bleibt er gut eine Woche frisch.

Honigmarzipan

Leckerei für alle. Honigmarzipan kann niemand widerstehen – vor allem, wenn es selbst gemacht ist! Wer es bereits im Voraus zubereitet hat, zaubert daraus im Handumdrehen köstliche Marzipan-Süßigkeiten oder verwendet es für schnelle Torten und Kuchen – vorausgesetzt, Ihre Familie hat es nicht schon vorher entdeckt.

Für 300 g Marzipan

200 g Mandeln
100 g kalt geschleuderter fester Honig (am besten Lavendelhonig)
eventuell 5 Tropfen Rosenwasser

So wird's gemacht:

1) Mandeln in einen Topf mit kochend heißem Wasser geben und 1 – 2 Minuten ziehen lassen. Testen Sie an einer Mandel, ob sich die Haut leicht abziehen lässt (Vorsicht, heiß!). Dann die Mandeln mit kaltem Wasser abschrecken, häuten und mit einem sauberen Tuch trocken tupfen. Anschließend die Mandeln trocknen lassen (am besten über Nacht).
2) In eiligen Fällen können Sie die Mandeln bei 50° C im Ofen trocknen, jedoch nicht rösten. Vor dem Mahlen abkühlen lassen, da sonst das Öl austritt.
3) Mandeln mit einer Küchenmaschine mit elektrischem Hackmesser fein mahlen (je feiner sie gemahlen sind, desto feiner wird auch das Marzipan). Eine Nussmühle ist für diesen Zweck meist zu grob.
4) Honig und Mandeln vermengen und eventuell mit 5 Tropfen Rosenwasser verfeinern. Konsistenz und Geschmack sind abhängig von der Beschaffenheit des Honigs. Ist das Marzipan noch klebrig, fügen Sie noch einige gemahlene Mandeln hinzu.

Bratäpfel mit Kürbiskernen

Im Früchteparadies rangiert er ganz oben, für fast 90 % der Deutschen ist der Apfel das Lieblingsobst. Auch in puncto Gesundheit ist der – ungespritzte – Apfel ein König. Neben Vitaminen, Flavonen und Mineralstoffen enthält er über 300 wertvolle Biostoffe.

Für 6 Personen (pro Person 1 Apfel)

6 Äpfel (etwa 1 kg)

Für die Füllung:
200 g frische Datteln
100 g grüne Kürbiskerne
50 g Sonnenblumenkerne
2 EL Kokosflocken
4 EL Ahornsirup (kann bei süßen Äpfeln auch entfallen)
5 EL Sahne (vegan: Reismilch)
zerdrückte Samen von 1 – 2 Kardamomkapseln
½ – ¾ TL Zimt
Butter oder Pflanzenmargarine für die Form

So wird's gemacht:

1) Äpfel waschen, Kerngehäuse entfernen und jeweils einen Deckel abschneiden.
2) Backofen auf 200 – 220° C vorheizen. Auflaufform mit etwas Butter einfetten.
3) Datteln waschen und entkernen. Kürbis- und Sonnenblumenkerne fein mahlen. Datteln durch einen Wolf drehen bzw. pürieren (eventuell etwas Wasser dazugeben).
4) Alle Zutaten für die Füllung mischen und Äpfel damit füllen. (Eventuell Äpfel mit einem Messer noch etwas mehr aushöhlen und das Fruchtfleisch zur Füllung geben.) Den Apfeldeckel wieder darauf setzen und Bratäpfel für 25 – 30 Minuten backen.

Tipp: Noch Vanillesauce dazu serviert, und Ihr leckeres Dessert ist tischfertig!

Carobkuchen mit Kürbis und Orange

Schon gehört? Carob, aus den fein gemahlenen Früchten des Johannisbrotbaumes, ist eine gesunde Alternative zu Kakao. Anders als der bittere Kakao mit seinen Alkaloiden und Reizstoffen, besitzt Carob einen hohen Anteil an fruchteigenem Zucker (46 %). Süßspeisen mit Carob müssen deswegen viel weniger gesüßt werden.

Für eine 24 cm Kranzform

300 g Dinkelvollkornmehl
50 g Carobpulver
280 g Vollrohrzucker
1 Päckchen Backpulver
1 TL gemahlene Bourbon-Vanille
200 g Kürbis
1 unbehandelte Orange (etwa 100 g)
9 EL Sonnenblumenöl
200 – 250 ml Orangensaft oder Wasser
Aprikosenmarmelade und Carobglasur (siehe Rezept Nussecken Seite 198) zum Bestreichen
Fett und Vollkorngrieß für die Form

So wird's gemacht:

1) Kranzform einfetten und mit Grieß ausstreuen.
2) Dinkel, Carob und Vollrohrzucker in eine Schüssel sieben und mit Backpulver und Vanille mischen.
3) Kürbis waschen, schälen, entkernen und in eine kleine Schüssel raspeln. Orange unter fließend heißem Wasser waschen, abtrocknen und die Schale mit einer Raspel abreiben. Die eine Hälfte der Orange auspressen (ergibt etwa 50 ml Saft) und die zweite Hälfte in kleine Stückchen schneiden. Saft, Raspel und Stückchen der Orange mit dem Kürbis vermischen.
4) Nun den Backofen auf 190 – 200° C vorheizen. Sonnenblumenöl und 200 ml des Orangensaftes bzw. Wassers mit der Mehlmischung verrühren. Kürbisraspel und, falls nötig, noch etwas Orangensaft bzw. Wasser zugeben. Der Teig sollte relativ weich und elastisch sein, etwa wie ein dickflüssiger Pfannkuchenteig.

5) Teig in die Form füllen und etwa 45 Minuten backen. Eventuell noch 5 Minuten in der Nachhitze stehen lassen. Vor dem Herausnehmen die Stäbchenprobe machen. Den Kuchen für einige Minuten in der Form setzen lassen und anschließend mit einem Messer am Rand lösen. Auf einem Kuchengitter auskühlen lassen.
6) Nach Belieben mit heißer Aprikosenmarmelade und Carobglasur bestreichen.

Tipp: Dieser saftige Kuchen hält sich viele Tage frisch, besonders unter einer Kuchenhaube.
Wer Abwechslung liebt, kann an Stelle der Orange auch einmal zwei pürierte Bananen nehmen. Diese Variante schmeckt mindestens genauso lecker!

→

Apfel-Kürbis-Pie

Die himmlische Verführung. Äpfel mit Kürbis und knusprigem Teig zu verbinden, macht den Reiz dieser unwiderstehlich leckeren Pies aus. Sie sind ideal fürs Picknick, bei einer Party oder als Mittagsimbiss – denn man kann sie wunderbar transportieren.

Für eine Springform Ø 26 – 28 cm

Für die Füllung:
400 g Kürbis (z. B. Potimarron)
350 – 375 g Roh-Rohrzucker
50 g Rosinen
500 g Äpfel
1 TL Bourbon-Vanille

Für den Teig:
300 g Dinkelvollkornmehl
¼ TL Natron
150 g kalte Butter
125 g saure Sahne
½ TL gemahlene Bourbon-Vanille
Fett für die Form

So wird's gemacht:

1) Kürbis waschen, schälen, entkernen und fein raspeln. Kürbisraspel in einem Topf mit Roh-Rohrzucker mischen und etwa 1 Stunde ziehen lassen.
2) In der Zwischenzeit den Teig herstellen. Mehl in eine Schüssel sieben und mit Natron mischen. Butter in Flöckchen hacken. Alle Zutaten für den Teig rasch zu einem elastischen Teig kneten und zugedeckt kalt stellen.
3) Rosinen waschen und in heißem Wasser einweichen. Äpfel waschen, schälen, klein schneiden und zu dem Kürbis geben. Je nach Kürbissorte 10 – 20 Minuten zugedeckt kochen, bis Kürbis und Äpfel weich sind und die meiste Flüssigkeit verkocht ist. Dazu die letzten 5 – 10 Minuten den Deckel abnehmen. Kurz vor Ende der Kochzeit

die abgetropften Rosinen und Vanille hinzufügen. Füllung zum Abkühlen auf die Seite stellen.

4) Springform einfetten. Backofen auf 190 – 200° C vorheizen. Zwei Drittel des Teiges zu einer runden Platte ausrollen und die Springform damit auskleiden, dabei einen etwa 3 cm hohen Rand bilden. Teigboden mit einer Gabel mehrmals einstechen und abgekühlte Füllung hineingeben. Den Großteil des restlichen Teigs zu einer dünnen Platte ausrollen, den Kuchen damit abdecken und an den Rändern zusammendrücken. Lassen Sie noch etwas Teig für die Verzierung übrig und stechen Sie einige Teigsterne oder Blumen aus.
5) Pie mit den Teigfiguren verzieren und bei 200° C 35 – 40 Minuten goldbraun backen.

Tipp: Die Füllung und den Teig für diesen Kuchen können Sie auch schon am Vorabend zubereiten.

Bananen-Kürbis-Nussrolle

»Das Getreide für den Menschen«, so nannte Hildegard von Bingen, die große Naturkundlerin und Mystikerin des 12. Jahrhunderts, den Dinkel. Mit all seinen gesunden Inhaltsstoffen lässt er sogar den Weizen um einiges hinter sich – auch in der Backstube.

Für eine Dinkelrolle

Für den Hefeteig:
200 ml warmes Wasser
75 ml Sahne (vegan: Apfelsaft)
600 g Dinkelvollkornmehl
2 EL Birnendicksaft
20 g frische Hefe (½ Würfel)
100 g Vollrohrzucker
abgeriebene Schale und Saft (4 – 5 EL) einer unbehandelten Zitrone
50 g weiche Butter (vegan: Pflanzenmargarine)

Für die Füllung:
250 g Kürbispüree für Desserts (s. Seite 191)
200 g Haselnüsse
3 Bananen
1½ TL gemahlene Bourbon-Vanille
¼ TL Zimtpulver
50 g Roh-Rohrzucker
2 – 3 EL Aprikosenmarmelade

Zum Bestreichen und Bestreuen:
1 EL Aprikosenmarmelade
20 g Mandelblättchen
Fett für das Blech

So wird's gemacht:

1) Warmes Wasser und Sahne (bzw. Apfelsaft) mit 6 EL Dinkelmehl, Birnendicksaft und zerbröckelter Hefe in einer kleinen Schüssel zu einen Vorteig verrühren und zugedeckt etwa 10 Minuten an einem warmen Ort stehen lassen. Das restliche Dinkelmehl in eine große Schüssel sieben und mit dem Vollrohrzucker und der abgeriebenen Zitronenschale mischen. Nun den Vorteig und die weiche Butter unter das Mehl kneten. Teig kräftig durchkneten, bis er sich von der Schüssel löst und nicht mehr klebt. Hefeteig zugedeckt an einem warmen, zugfreien Ort 45 Minuten bis 1 Stunde gehen lassen.
2) In der Zwischenzeit Kürbispüree für Desserts herstellen (s. Seite 191).
3) Haselnüsse auf einem Backblech verteilen und bei 200° C im Backofen rösten, bis die Häutchen zu springen beginnen (dies dauert etwa 10 Minuten). Nüsse abkühlen lassen, die Häutchen zwischen den Händen abreiben und Nüsse fein mahlen. Bananen mit einer Gabel zerdrücken und alle Zutaten für die Füllung außer der Marmelade zu einer Paste verrühren.
4) Hefeteig noch einmal kräftig kneten und zu einer rechteckigen Teigplatte (ohne Mehl) ausrollen. Teigplatte mit 2 – 3 EL Aprikosenmarmelade bestreichen, dabei die Ränder freilassen. Auf die untere längliche Hälfte der Teigplatte die Füllung geben und zu einer Rolle aufrollen (so vermeiden Sie, dass die Füllung herausquillt). Den rechten und linken Teigrollenrand zudrücken, damit auch seitlich keine Füllung heraustreten kann.
5) Backblech einfetten. Teigrolle mit Schwung auf das Blech legen und mit einem Tuch abgedeckt für etwa 15 Minuten gehen lassen. Anschließend in den kalten Backofen geben und bei 200° C 50 Minuten bis 1 Stunde backen. Zum Schutz vor zu starker Bräunung die Rolle in den letzten 15 Minuten mit Backpapier bzw. Alufolie abdecken.
6) Die warme Dinkelrolle mit Aprikosenmarmelade bestreichen und mit Mandelblättchen bestreuen.

Rosinen-Kürbis-Brötchen

Gemütlich genießen. Bei einem Sonntagsfrühstück dürfen diese Rosinen-Kürbis-Brötchen – mit Butter und Marmelade versteht sich – nicht fehlen. Mit ihren Rosinen enthalten sie nicht nur viele Vitamine und Mineralstoffe, sondern auch achtmal so viel Glukose wie frische Trauben. Das stärkt Gehirn und Nerven und gibt Vitalität.

Für 12 Brötchen

250 g Kürbis
50 g Rosinen
600 – 650 g Dinkelvollkornmehl
2 TL Trockenhefe
375 ml lauwarmes Wasser
100 g Vollrohrzucker
2 TL gemahlene Bourbon-Vanille
Fett für das Blech

So wird's gemacht:

1) Kürbis waschen, schälen, entkernen und in kleine Würfel schneiden. Anschließend in einem kleinen Topf mit etwas Wasser dünsten. Rosinen waschen und in warmem Wasser einweichen. Abgetropften Kürbis durch ein feines Sieb streichen.
2) Dinkelmehl, Hefe, Wasser, Vollrohrzucker, Vanille, abgetropfte Rosinen und Kürbispüree zu einem elastischen Teig kneten. (Die Mehlmenge kann etwas variieren.) Den Brötchenteig zugedeckt an einem warmen, zugfreien Ort 30 – 45 Minuten gehen lassen.
3) Backblech einfetten. Teig noch einmal kräftig durchkneten und zu 12 Brötchen formen. Backofen auf 225° C vorheizen. Brötchen kreuzweise einschneiden und 10 Minuten gehen lassen.
4) Rosinenbrötchen 25 – 30 Minuten backen.

Kürbis-Orangen-Muffins

Der süße Brite. In England und Nordamerika kennt und liebt sie jeder: Muffins. In diesem Rezept zeigen sich die Anglo-Brötchen von ihrer süßen Seite mit Kürbis. Wer keine speziellen Muffin-Form hat, kann auch kleine Aluminiumförmchen nehmen.

Für 12 Muffins

100 g Kürbis
40 g Butter (vegan: Pflanzenmargarine)
100 g Vollrohrzucker
Saft (etwa 100 ml) und abgeriebene Schale einer unbehandelten Orange
Saft (etwa 50 ml) und abgeriebene Schale einer unbehandelten Zitrone
475 g Dinkelvollkornmehl
1 Tl. Natron
etwa 100 ml Wasser (je nach Feuchtigkeit des Kürbis)
Fett für die Form

So wird's gemacht:

1) Kürbis waschen, schälen, entkernen und raspeln. Butter bzw. Pflanzenmargarine in einem Töpfchen zerlassen. Backofen auf 175° C vorheizen. Alu-Backförmchen oder Muffin-Blech einfetten.
2) Vollrohrzucker und abgeriebene Zitronen- und Orangenschalen unter den Orangen- und Zitronensaft rühren.
3) Mehl in eine Schüssel sieben, Natron und zerlassene Butter bzw. Pflanzenmargarine dazugeben und mit dem Vollrohrzuckersaft und dem geraspelten Kürbis zu einem Brötchenteig kneten. Wasser nach Bedarf hinzufügen. Den Teig zu 12 Kugeln formen.
4) Muffins in die Förmchen geben und im vorgeheizten Ofen 25 – 30 Minuten (je nach Größe der Muffins) goldgelb backen. Dann aus den Förmchen stürzen. Falls sie auf der Rückseite noch nicht ganz durchgebacken sind, auf einen Rost legen und noch 7 – 10 Minuten in der Nachhitze des abgeschalteten Ofens stehen lassen.
5) Auf einem Kuchengitter auskühlen lassen und servieren.

Tipp: Wenn die Muffins schön glänzen sollen, bepinseln Sie das ofenheiße Gebäck einfach mit etwas heißer Aprikosenmarmelade.

Bezugsquellen

Saatgut

Ferme de Sainte Marthe
c/o Ulla Grall
Bäreneck 4 / Efeuhaus
D-55288 Armsheim
Tel.: 06734/960379

Dreschflegel Saatgut GbR
Föckinghauser Weg 9
D-49324 Melle
Tel. 05422/8994

Firma Allerleirauh GmbH
Kronenstraße 24
D-61209 Echzell
Tel.: 06035/81216

Grüner Tiger
Pfarräckerstr. 13
90522 Oberasbach
Tel.: 0911/698430

Verein zur Erhaltung der Nutzpflanzenvielfalt
c/o Ursula Reinhard
Sandbachstr. 5
D-38162 Schandelah

Keller GmbH & Co. KG
(Demeter-Saatgut)
Biogarten und Gesundheit
Konradstr. 17
D-79100 Freiburg
Tel.: 0761/706313

Arche Noah
Obere Str. 40
A-3553 Schiltern

Gewürze

Deutschland:

Vedischer Gewürzversand
Surabhi Natural Products
Herrenweg 21
D-69151 Neckargemünd
Tel: 06223/73166

Govinda Versand
Waldstraße 18
D-55767 Abentheuer
Tel: 06782/989001

Govinda-Lila
Herzogstraße 16 – 20
D-50667 Köln
Tel.: 0221/2229760

Indu-Versand
Turmstraße 7
D-35085 Ebsdorfergrund
Tel: 06424/3988

Schweiz:

Govinda Versanddienst
Preyergasse 16
CH-8001 Zürich
Tel: 01/2518859

Österreich:

Govinda Kulturtreff
Lindengasse 2a
A-1070 Wien
Tel: 0222/5222817

Die Autoren

Petra Skibbe, Jahrgang 1965, interessierte sich schon immer über ihren Beruf als Physiotherapeutin hinaus auch für ganzheitliche Heilmethoden. Als ernährungsbewußte und passionierte Köchin begeisterte sie auch ihren Mann für die Vollwertküche.
Joachim Skibbe, Jahrgang 1958. Die Integration von Körper, Geist und Seele steht für ihn in seinem Beruf als Heilpraktiker an erster Stelle. Und lecker und gesund essen ist damit natürlich untrennbar verbunden.
Beide beschäftigen sich mit verschiedenen alternativen Heilmethoden, zu denen sie auch Vorträge, Seminare und Workshops geben. Unter anderem hat es ihnen die indische Ayurveda-Medizin angetan, der sie ihre ersten drei Bücher gewidmet haben.

Köstliche Kürbisküche ist das vierte Buch von Petra und Joachim Skibbe im pala-verlag. Im Herbst 1997 erschien *Backen nach Ayurveda – Kuchen, Torten & Gebäck* und im Frühjahr 1998 die pikante Ergänzung *Backen nach Ayurveda – Brot, Brötchen & Pikantes.* 1999 folgte *Ayurveda – Die Kunst des Kochens.*

Die Illustratorin

Renate Alf, Jahrgang 1956, machte eine Ausbildung als Lehrerin für Biologie und Französisch. Seit 1983 ist sie als Cartoonistin tätig und durch ihre Bücher sowie durch regelmäßig erscheinende Cartoons in vielen Tageszeitungen und Zeitschriften einem breiten Publikum bekannt.
Sie lebt mit ihrem Mann und ihren vier Kindern in Freiburg.
Im pala-verlag sind die Titel *Vollwert-Naschereien* und *Zucchini* sowie *Vegetarisch grillen* mit Illustrationen von Renate Alf erschienen.
Im Herder Verlag (Freiburg) sind von ihr erschienen: *Cartoons für Erzieherinnen* (1997), *Neue Cartoons für Erzieherinnen* (1998) und *Vom Kinde verdreht* (1999).

Rezept-Index

Rezepte mit *, sind vegan; Rezepte mit (*) beinhalten eine vegane Variante

Rezept-Index nach Sachgruppen

Rezepte mit *, sind vegan; Rezepte mit (*) beinhalten eine vegane Variante

Saucen, Dips und Partyhits

Desserts

Kuchen, Muffins und Pies

Andere Bücher von Petra und Joachim Skibbe

Seit mehr als fünftausend Jahren ist die Heilkunst des Ayurveda der Menschheit bekannt – an Aktualität hat sie jedoch bis heute nicht verloren. Einer der Eckpfeiler dieser ganzheitlichen Lehre ist eine gesunde, ausgeglichene und individuell abgestimmte Ernährung mit frischen und vollwertigen Lebensmitteln. Wer die Prinzipien des Ayurveda in das tägliche Leben integriert – und das ist gar nicht so schwer – wird sich bald gesünder und ausgeglichener fühlen.

Ayurveda – Die Kunst des Kochens
ISBN: 3-89566-139-2

Backen nach Ayurveda
– Kuchen, Torten & Gebäck
ISBN: 3-89566-126-0

Backen nach Ayurveda
– Brot, Brötchen & Pikantes
ISBN: 3-89566-127-9